A Teia de Maya

Atapoã Feliz

A Teia de Maya

EDITORA TEOSÓFICA
Brasília-DF

A Teia de Maya

Direitos Reservados à
EDITORA TEOSÓFICA, Sociedade Civil
SGAS – Quadra 603 – Conj. E, s/nº
70.200-630 – Brasília-DF – Brasil
Tel.: (61) 322-7843
Fax: (61) 226-3703
E-mail: st@stb.org.br
Sites: www.editorateosofica.com.br
www.stb.org.br/livrar.html

A Teia de Maya
F313 Atapoã Feliz
Brasília, julho/2002
ISBN 85-85961-79-1
CDD 212

Capa:
Marcelo Ramos

Diagramação:
Reginaldo Alves

Este livro é dedicado
a Ikbal K. Taimni

O fato de que o mistério está além da compreensão humana não significa que não devemos pensar nele e não tentar entendê-lo, tanto quanto possível, dentro do reino do intelecto.

I. K. Taimni.

Sumário

Introdução 9

Capítulo I
O Jardineiro do Fim da Rua 11

Capítulo II
Uma Expressão Temporária 25

Capítulo III
O Eterno Peregrino 59

Capítulo IV
A Tirania dos Desejos 71

Capítulo V
Eu sou um Rei! 83

Introdução

Maya, palavra sânscrita, significa ilusão.

Como falar sobre ilusão se estamos todos mergulhados no oceano de *Maya?*

Como arrostar esse grande mistério se sou, ao mesmo tempo, ator e espectador?

Como explicar tudo isso se residimos na sombra inferior?

Seria utilizando os sentidos que nos embotam?

Evidente que não.

No momento, não importa saber por que e como fomos enredados na sua teia; importa é ter o conhecimento de como sair de todo esse emaranhado.

Para essa grande empreitada só há um caminho: rogar o auxílio dos Seres Iluminados. É o que devemos fazer, porquanto esses, sim, não vivem em *Maya,* vivem além do seu véu...

Capítulo I

O Jardineiro do Fim da Rua

Quando se diz que um homem se eleva de um plano para outro, não queremos de modo nenhum dizer que haja uma mudança de lugar no espaço, mas, sim, uma transferência do foco da consciência de um nível para outro.

Leadbeater

Eu passava por ali quase todos os dias. Fazia aquele trajeto de ônibus. Era quase uma viagem. Durava aproximadamente uma hora.

Era uma rua bastante movimentada, poluída. As portas das lojas, envidraçadas, com toldos enegrecidos pela fuligem, permaneciam fechadas. Os ônibus e os caminhões iam e vinham, lançando aquela fumaça negra que não se espalhava.

Comparada com as outras, tinha-se a impressão de que aquela rua era a mais fria; os raios solares não penetravam a baixa nuvem densa e, por isso, os paralelepípedos estavam constantemente molhados e escorregadios.

Conquanto houvesse casas residenciais, não se viam passeantes nem crianças a brincar nas calçadas; os transeuntes demonstravam sempre que tinham um destino predeterminado.

Por último, não se viam animais, aves ou quaisquer plantas.

Às vezes eu ficava pensando: – Por que há, ainda, moradores num lugar como esse?

A propósito, o homem é o único ser vivo que não percebe, em tempo, o limite de nada. Não tem ele a intuição, a sensibilidade do momento ou do ponto que não se deve ou não se pode ultrapassar...

Naquele sábado resolvi ir ao centro da cidade. Na volta, porque chovia torrencialmente, o trânsito ficou praticamente parado.

Olhei para o relógio: – doze horas e trinta minutos!

Resolvi desembarcar.

– Talvez lá na frente esteja melhor; posso pegar um táxi – pensei.

Arrependi-me.

O ar, pesado e sufocante, era irrespirável.

À guisa de máscara, levantei a camisa até o nariz e iniciei uma caminhada de aproximadamente cinco quilômetros.

Andava encurvado, com as mãos nos bolsos, olhando para o chão.

Após uns vinte minutos, tive a impressão de que o tempo dera uma estiada. Erguendo os olhos percebi que os carros, finalmente, começavam a se movimentar; mais adiante, a linha dos ônibus seguia à esquerda.

Parei e vi que de onde eu estava prosseguia uma rua de terra batida; em cujas margens havia nevoeiro denso, imperscrutável.

Impelido e arrastado por um impulso irresistível, reiniciei a caminhada. Agora pela estranha vereda.

Sentia uma atração por aquele caminho desconhecido, misterioso e, por isso, fascinante.

– Engraçado – pensava – não tinha visto ainda este caminho.

Ante o desconhecido caminhava preocupado, com medo, quase apavorado.

Intrigado com aquela névoa teimosa, existente em ambos os lados da rua, ensaiei atravessá-la, tentando descobrir o que havia do outro lado. Quase caí no vazio, pois o chão havia desaparecido.

Estarrecido e com muita dificuldade consegui equilibrar-me à beira do precipício. Passado o susto, peguei uma pedra e joguei naquele abismo insondável. Não ouvi o barulho, apenas o grasnar de uma ave desconhecida.

Súbito, começou a soprar um vento brando que foi aumentando até transformar-se em vendaval. Olhei em torno e não vi ninguém.

Acima, milhares de centelhas fendiam as nuvens negras e eletrizadas, proporcionando um espetáculo grandioso e aterrorizante de coriscos violáceos, azulados e da cor de fogo.

– Jesus Cristo! – clamei angustiado.

De repente, aquele vento proceloso e sibilante afastou, com força descomunal, o nevoeiro denso e enegrecido. Um sol fulgurante, com toda a sua magnitude, surpreendeu-me espargindo os seus raios dourados, transformando aquele que seria um vale sombrio e úmido em paraíso de beleza indescritível.

À distância de uns cem metros via-se imenso gramado. Parecia um tapete verde.

Cheguei perto, maravilhado; aquela grama não pinicava, era macia feito veludo.

Intrigado, olhei em volta e fiquei pasmo, porquanto tivera, antes, ligeira impressão de que no local havia apenas o gramado, no entanto viam-se, longe, um caramanchão e, mais ao fundo, imensa cordilheira, com montanhas azuis parcialmente encobertas por nuvens, brancas como flocos de algodão.

Uma cachoeira de água cristalina brilhava feito diamante e, por causa das gotículas, via-se, em todo o seu esplendor, majestoso arco-íris.

Dirigi-me aonde estava o caramanchão. Predominava singular e inquietante silêncio, como a anunciar que um estranho acabara de chegar.

De tudo aquilo, o mais esquisito era o fato de a todo momento ser surpreendido por algo, do tipo: – Aquela árvore não estava ali!

Olhei, mais uma vez, ao redor e o que vi me deixou estupefato: primoroso jardim se estendia por centenas de metros; folhas e flores de toda espécie juncavam o chão. Em volta, uma infinidade de árvores.

Sorvi, prazerosamente, aquele ar puro e perfumado, num hausto tão cheio, que fiquei tonto.

De repente, ao meu lado, vi um senhor com o joelho direito no gramado e o braço esquerdo apoiado no outro joelho. Observava, absorto, uma muda que acabara de "plantar".

– Estou sonhando ou isso é uma ilusão? – pensei.

Levantando-se devagar, aquele senhor virou-se e disse, pausadamente, olhando-me nos olhos:

– No mundo objetivo tudo é ilusão. Isso aqui é mais real...

Era um senhor de meia-idade e compleição robusta; rosto bronzeado, mas sem rugas. Vestia macacão com jardineira e calçava sandálias de lona com sola de fibra.

– O que o senhor quer dizer com "mais real"? Que lugar é este?

– Vamos chegar.

– Aonde?

– Ali, na casa...

– A residência é sua?

– Não, eu não possuo nada...

Olhei para a direção apontada e vi uma pequena casa de madeira. Parecia aconchegante.

– O senhor falou que no mundo tudo é ilusório?

– Sim, inclusive o tempo.

– !?!

– Como já se disse, não há passado nem futuro, mas um eterno presente...

– O senhor vai me desculpar, mas é evidente que houve o "ontem", há o "hoje" e haverá o "amanhã". Não há como negar.

– Isso naquele plano, onde você estava na sombra[1], no qual o tempo é uma ilusão produzida pela sucessão de estados de consciência.

– Queira me perdoar, senhor... Como é mesmo o seu nome?

Sem aguardar resposta continuei:

– É inegável que a casa onde moro é real; se alguém me der uma facada, o ferimento também será real, tanto que eu posso morrer.

– Você já leu as obras da Sra. H.P.B.?

– Não.

– Pois é, numa de suas monumentais obras, a Sra. Blavatsky observa que tudo é relativo no Universo objetivo; tudo é ilusão; *mas a impressão experimentada em qualquer dos planos é uma realidade para o ser que a percebe e cuja consciência pertença ao mesmo plano; muito embora essa impressão, encarada de um ponto de vista puramente metafísico, possa não apresentar nenhuma realidade objetiva.*[2]

– O senhor se referiu a "naquele plano". O que quis dizer?

---

[1] – O corpo físico.

[2] – *A Doutrina Secreta*, de H.P. Blavatsky, vol. I, p. 324, Ed. Pensamento.

– No plano físico.

– Quer dizer que este, onde estamos, é outro plano?

– Sim.

– Como pode ser se estou com o meu corpo?

– Já disseram, "como é em cima assim é embaixo. O físico é um reflexo do espiritual".

– Este plano, onde estamos, fica muito acima ou muito distante do plano físico?

– Não. Na verdade eles se interpenetram.

– Um *plano* é um lugar ou é um estado ou condição?

– Nem uma coisa nem outra, mas possui as qualidades de ambos. Segundo um Princípio Hermético, *tudo se move, tudo vibra, nada está parado.* A verdadeira diferença que faz os planos resulta da Vibração.

– Por que o tempo é uma ilusão, se envelhecemos?

Parecendo ler num livro invisível, o jardineiro concluiu:

– A verdadeira vida, a espiritual, é uma só. O Espírito não envelhece. Como diz Besant *o tempo nos impõe uma sensação de pressa, de intranqüilidade, mascarando a unidade de nossa vida com os véus dos nascimentos e mortes (...) Existe apenas uma vida, sem começo e sem fim, a vida sem idade e sem tempo, e as divisões arbitrárias que dela fazemos pelos incidentes sempre repetidos de nascimentos e mortes os quais nos iludem e aprisionam (...) Não somos escravos do Tempo, a menos que nos curvemos e aceitemos a sua tirania imperiosa, deixando que venha a vendar nossos olhos com os véus da morte e do nascimento. Somos sempre nós próprios, e podemos caminhar à frente com segurança, através das luzes e sombras alternantes produzidas pela lanterna mágica do Tempo sobre a vida que ele não pode envelhecer...*[3]

---

[3] – Annie Besant, *A Vida Espiritual,* Ed. Teosófica, 1992, pp. 44-46.

– O senhor não sabe muita coisa para um simples jardineiro? O que é isso na sua mão?

– São sementes de lótus. Pegue.

Peguei uma e examinei com curiosidade.

– Vamos, abra.

– Que engraçado... Há folhas aqui dentro. Parece uma planta em miniatura.

– A semente do lótus encerra uma pequena planta pré-formada...

Abeiramo-nos de um riacho e fiquei deslumbrado: lindas flores alvíssimas proporcionavam primoroso espetáculo. Olhei comovido para o jardineiro, que comentou:

– O lótus medra no lodo, mas a sua flor é delicada e de um branco imaculado. Ele simboliza a verdadeira natureza dos seres, a qual permanece incólume, sem ser conspurcada pelo lodaçal do mundo de *Maya.*[4]

O jardineiro suspirou profundamente e, após ficar pensativo por alguns segundos, continuou:

---

[4] – (Sânsc.) – Ilusão... "Segundo a filosofia hindu, apenas aquilo que é imutável e eterno merece o nome de *realidade*; tudo aquilo que é mutável, que está sujeito a transformações por decaimento e diferenciação e que, portanto, tem princípio e fim, é considerado como *Maya*: ilusão. [*Maya*: arte, poder ou virtude mágica extraordinária ou prodigiosa; prestígio, magia, ilusão, ficção; poder de ilusão que origina a aparição ilusória de coisas do mundo; a ilusão personificada como um ser de origem celeste; a personificação da irrealidade das coisas mundanas; o universo objetivo ou a natureza considerada como ilusão. O poder ilusório, a mágica potência do pensamento, capaz de criar formas passageiras ou ilusórias e pelo qual tem existência o mundo fenomenal. A potência criadora através da qual o universo chega à manifestação. Segundo a filosofia vedanta, todo o universo visível é apenas uma grande ilusão (*Maha-maya*), pois tem princípio e fim e está sujeito a transformações incessantes; assim como a única realidade é o Espírito, por ser eterno e imutável.]" – *Glossário Teosófico,* Blavatsky, Editora Ground.

– A Sra. Blavatsky tem por costume dizer, sobre esses nenúfares, que *a raiz do lótus mergulhada no lodo representa a vida material; o talo, que se lança para cima e atravessa a água, simboliza a existência no mundo astral, e a flor, que flutua na água e se abre para o céu, é o emblema da vida espiritual.*

Olhei para o relógio:

– Puxa! Quase ia me esquecendo, acho que está na hora de ir... Ué, parece que o meu relógio parou! Está marcando ainda doze horas e trinta minutos.

O jardineiro olhou para mim e sorriu com bonomia:

– Não tenha pressa, meu filho; você está no "eterno presente"...

Não entendi nada, mas não me preocupei. Afinal estávamos num sábado e não havia mesmo razão para nenhuma pressa.

– O senhor disse que o branco imaculado do lótus simboliza a verdadeira natureza dos seres e que esta não é manchada pelo lodo do mundo de *Maya.* Qual é a nossa natureza? Afinal, o que é *Maya?*

– A essência de todos os seres é divina. Você está aqui para tentar compreender o que é *Maya* ou ilusão e, assim, como desvencilhar-se de sua urdidura traiçoeira. A tarefa é árdua e longo é o caminho a percorrer...

– Mas por que aqui?

– Você acha possível explicar o que é a luz para quem sempre esteve mergulhado nas trevas? Como ensina Blavatsky, *para conhecer a realidade das coisas há mister considerá-las antes ou depois de haverem passado, qual um relâmpago, através do mundo material; pois, não podemos discernir essa realidade diretamente, quando só dispomos de instrumentos sensitivos que trazem à nossa consciência apenas os elementos do mundo material. Seja qual for o plano em que pos-*

sa estar atuando a nossa consciência, tanto nós como as coisas pertencentes ao mesmo plano somos as únicas realidades do momento. À medida, porém, que nos vamos elevando na escala do desenvolvimento, percebemos que, nos estádios já percorridos, havíamos tomado sombras como realidades, e que o progresso ascendente do Ego é um contínuo e sucessivo despertar, cada passo à frente levando consigo a idéia de que então alcançamos a "realidade". Mas só quando houvermos atingido a Consciência absoluta, e com ela operarmos a fusão da nossa, é que viremos a libertar-nos das ilusões de Maya.[5]

– O senhor poderia tornar essa explicação mais compreensível?

– Não há uma definição clara, precisa, de *Maya;* sua compreensão não é alcançada por meio de simples palavras, usando apenas o intelecto. *Maya* é a natureza em geral, o mundo material por excelência, desde a mais densa e grosseira, como o mineral, até a mais sutil, como a mente.

O jardineiro ficou em silêncio por alguns segundos, olhando para o infinito, depois continuou:

– Em busca de experiência, *Jivatma*[6] mergulha profundamente na matéria. Obnubilado pelos sentidos, c na sua insensibilidade cega, esquece-se da sua natureza divina. Uma vez no plano físico, integrado, procura satisfazer todos os seus desejos, às vezes a qualquer preço, e quanto mais se engaja na exploração dessa situação material, mais se enreda na teia dc *Maya.*

Após outra pausa, concluiu:

---

[5] – Ob. cit. p. 104.

[6] – *Jivatma* – Espírito individual encarnado num ser vivente. A Mônada humana.

– *Maya* encanta desde o erudito ao mais simples e ignorante. Todos, sob sua influência, não percebem que no mundo material tudo é transitório, efêmero, e que a eternidade e a felicidade não residem aí. Mesmo sofrendo misérias sórdidas e dores atrozes, o homem, aturdido, pensa que é feliz...

Estava perplexo diante daquelas revelações.

– Por certo o ignorante é presa fácil de *Maya;* e o erudito não é logrado facilmente, não é assim?

– Ao contrário. Não raro, esses que se dizem "sábios" na verdade não passam de arrogantes, dúbios e cépticos e têm por atributos a ignorância, a superficialidade e o preconceito. Aliás, um Grande Iniciado, que levava vida exemplar por sua pureza, compaixão e amor à humanidade, ensinava que a verdade se revela aos simples e ignorantes, mas, paradoxalmente, se oculta aos sábios arrogantes.

– O que fazer para combater esse mal?

– *Maya* não é um mal em si mesma nem há fórmulas para combatê-la. Há que se desenvolver o discernimento, isto é, a capacidade de distinguir o Real do irreal, o eterno do efêmero, o Eu do não-eu. Besant ensina que *razão, intuição e consciência são nossas faculdades mais elevadas, o único meio pelo qual podemos distinguir o verdadeiro do falso, o bem do mal, o certo do errado.*[7]

– Ao senhor não parece muito genérico dizer que "*Maya* é a natureza em geral"?

– *Maya* não é produto do Espírito; tem sua origem no eu inferior ou personalidade, que agrega os corpos físico, emocional e mental. A Individualidade, o Eu superior, é inatingível.

– Quer dizer que *Maya* se revela também em outros planos da Natureza?

---

[7] – Annie Besant, *A Doutrina do Coração,* Editora Teosófica, p. 23.

– Sim.

– Qual a diferença entre Personalidade e Individualidade?

– A Individualidade é imortal, subsiste para sempre. Reencarna muitas vezes revestindo-se, assim, de nova *personalidade* transitória em cada reencarnação, acumulando experiências em cada uma delas. A Personalidade é constituída pelos princípios humanos inferiores e mortais. É a simples projeção ilusória da individualidade.

– Gostaria de ver *Maya* em ação.

– Não se assuste com o que você possa ver ou ouvir a partir deste momento. As pessoas não poderão nos ver ou sentir a nossa presença...

Em seguida, o jardineiro ergueu o braço direito e fez um grande semicírculo no ar.

Como por encanto, surgiu uma sala onde havia quatro pessoas sentadas em volta de uma mesa.

Pela conversa, percebia-se que estavam ali o prefeito de uma cidade do interior, um chefe político, que todos tratavam por coronel, o delegado de polícia e o dono do cartório, conhecido por bacharel.

– Do jeito que está não pode ficar! – bradou o prefeito.

Era um homem de uns cinqüenta anos, obeso, cabelos amarelos, rosto vermelho e nariz varicoso. Conquanto gordo, e estranhamente, suas mãos eram magras, com dedos afilados.

– É isso mesmo! – respondeu um magruço de peruca hirsuta e muito negra, rosto macilento e dedos amarelados por causa da nicotina. Interessante que o bacharel, pois era ele, quando curvava a cerviz, sua peruca descolava na nuca, deixando à mostra umas penugens encaracoladas de cor indefinida.

– Quem esse juizinho pensa que é? – perguntou o coronel, dando um murro na mesa. Em seguida, passou a caminhar apressadamente pela sala, olhando para o chão. Tinha quase dois metros de altura; era gordo, cabeça branca e usava uma camisa de linho, de mangas compridas, abotoada na gola. Quando o coronel gritava, o seu pescoço intumescia e ficava vermelho, dando a impressão de que a linha do botão da gola ia arrebentar.

O delegado tinha uns quarenta anos e possuía um tique: para emitir qualquer opinião, pensava bastante e, antes de falar, contraía, rapidamente, e por duas vezes, um músculo da face direita.

– Imaginem vocês – disse o prefeito —, só porque atrasei por quatro meses o pagamento dos servidores, esse juiz aventureiro, que nem sei de onde é, mandou bloquear um rico dinheirinho que eu estava guardando no banco para a campanha do meu sobrinho!

– E no meu caso? – perguntou o bacharel – Arvorando-se de corregedor permanente, esse juiz não me dá sossego. Fez uma devassa no cartório e descobriu escaninhos, que só eu conhecia, onde havia documentos comprometedores e milhares de dólares, cuja procedência não pude justificar. Além disso, cancelou várias escrituras só porque haviam sido lavradas há mais de ano, mas que faltavam as assinaturas das partes. O pior é que na maioria delas eu já havia recebido pelo trabalho. Esse juiz me deu um prejuízo tremendo, pois tive que devolver o dinheiro e perdi vários clientes. Mas ele me paga!

O delegado ficava apenas ouvindo. De vez em quando pigarreava, mas não dizia nada.

Por fim, falou o coronel:

– Esse juiz teve a ousadia de me chamar ao seu gabinete para uma advertência. Disse que nas próximas eleições não vai tolerar que candidatos transportem eleitores da zona rural; tampouco vai admitir a chamada boca-de-urna. Onde já se viu?

– Ele veio de onde?

– Sei lá.

– É casado? Tem que idade? Mora em casa própria? Será que ninguém sabe da vida dele? – as perguntas choviam.

Olharam para o delegado, que pigarreou, pensou por um minuto, contraiu por duas vezes o músculo da face direita e deixou escapar:

– Ele não é do nosso Estado; tem quarenta anos, é casado, pai de dois filhos e mora em casa alugada. Não possui vícios nem imóveis ou dinheiro aplicado. Dizem que o casal convive muito bem – concluiu.

– Será ele um santo? – chasqueou o da peruca.

– Que nada! Nós é que não sabemos; mas ainda vamos descobrir qual é o seu "telhado de vidro"! Mesmo se ele for de reputação ilibada, o que eu duvido, dá-se um jeito de se fazer uma intrigazinha. – prometeu o coronel.

– Todo homem tem seu preço – disse o prefeito.

– Esse ditado é antigo, mas nunca foi tão atual completou o bacharel.

Solicitado, novamente, o delegado, depois de refletir bastante, e contrair o músculo da face, considerou:

– Vocês estão enganados...

– Por quê?

– Ele é incorruptível.

O delegado foi vaiado.

– Deixa de ser ingênuo, doutor!

– Onde já se viu?

– Acho que o senhor, ultimamente, não vem realizando o seu trabalho a contento.

Indignado, pensei alto:

– Já estava esquecendo esses tipos. Quanta vilania!

– Deixe o julgamento a quem tenha competência – disse o jardineiro, com gravidade.

Fiquei envergonhado.

Percebendo o meu rosto sombrio, o jardineiro falou sorrindo:

– Não se amofine; é natural a sua indignação. O que eu quis dizer é que devemos deixar essas coisas a cargo da Lei de Retribuição.[8]

Na verdade, por eu estar em outro plano mais elevado, sutil, a mesquinhez e a torpeza daqueles três personagens do plano físico assustavam; a sordidez referida apresentava-se no grau mais alto.

---

[8] – Carma. A Lei da relação entre Causa e Efeito, do Equilíbrio, da Compensação. Cada ação produz uma reação: o agente se torna o paciente de uma ação similar.

Capítulo II

Uma Expressão Temporária

> *É verdadeiramente indescritível o lado de* Maya *deste mundo! Por um lado é tão belo e romântico e por outro tão terrível e infeliz!* Maya *é o mistério de todos os mistérios...*
>
> Annie Besant

Nove horas da manhã. O termógrafo do canteiro acusava trinta graus. E lá ia o juiz, a pé, com o seu terno marrom.

Do tipo comum, aparentava uns quarenta anos; estatura média, robusto, tinha cabelos pretos repartidos do lado direito e usava óculos.

Estava atrasado, naquela manhã. Ficara examinando grossos volumes de processos até meia-noite; dormira mal, estava preocupado. É que acabara de receber a sua remuneração do mês retrasado e não conseguira saldar todas as dívidas. Não por ser perdulário. Ao contrário, o terno marrom batido estava ali para desmentir eventual e injusta pecha de esbanjador. Na verdade, não conseguira amealhar nada quando advogado e, por não receber em dia, os compromissos avolumavam-se.

Com a respiração entrecortada pelo cansaço e transpirando muito, chegou ao fórum. As fontes latejavam-lhe.

Assim que transpôs o limiar do prédio, ouviu fortes batidas na parede e um vozerio procedente do primeiro andar.

– Quem está no meu gabinete? – perguntou ao porteiro.

– Parece que são uns pedreiros, doutor. Trouxeram uma caixa muito grande...

Esqueceu o cansaço e subiu correndo os degraus, de dois em dois.

– Posso saber o que está acontecendo aqui?

– Só estamos cumprindo ordens, doutor.

– De quem?

– Nós vamos instalar um aparelho de ar condicionado; mandaram esse bilhete pro senhor.

Agastado, rasgou o envelope e leu:

Excelência, não há cristão que agüente cumprir o seu mister com esse calor infernal.

Do criado de V. Exa. sempre à disposição.

Coronel Libório.

Procurando ficar calmo, o juiz, cortês, solicitou aos pedreiros que levassem de volta aquela caixa.

– O senhor vai desculpar, mas ordens são ordens e...

O juiz, indignado, arrastou, com dificuldade, a enorme caixa até a escada e a empurrou com o pé.

O imenso pacote rolou, aos trambolhões, estatelando-se no piso, com estrondo ensurdecedor.

Diante da reação inesperada, os empregados do coronel saíram às pressas, assustados.

– Ao que parece, o juiz era, ou é, mesmo incorruptível – comentei.

O jardineiro ficou em silêncio.

– Quanto tempo passou entre aquela reunião que vimos e esse desfecho? – perguntei curioso.

– No plano físico, aproximadamente trinta dias.

– Como é possível, se nossa observação foi imediata?

– Daqui podemos observar tudo ao mesmo tempo; passado, presente e futuro manifestam-se simultaneamente.

Estava abismado.

O jardineiro traçou, novamente, um semicírculo no ar.

– Boa tarde, doutor juiz – era o bacharel, com aquela peruca negra, de cabelos duros e espessos. Ficara ali, no limiar do gabinete, aguardando o cumprimento do juiz.

– O que o senhor deseja?

– É que... Posso entrar?

Silêncio.

O juiz, ocupadíssimo, examinava as peças de um processo, composto de vários volumes, ligados por um barbante.

O bacharel entrou, sem ser convidado.

– Sabe o que é, Excelência? – arriscou.

Silêncio.

– É que temos visto o senhor andar a pé e...

Novamente, aquele silêncio constrangedor.

O bacharel parecia estar engasgado.

O pobre homem esfregava as mãos, nervosamente, com aqueles dedos amarelados por causa da nicotina.

O juiz, percebendo o nervosismo do oficial, deixou os autos de lado, tirou os óculos, esfregou os olhos com o indicador e o polegar esquerdos, olhou para o seu interlocutor e disse, com paciência:

– Como o senhor pode ver, estou muito ocupado.

O bacharel, sem dizer palavra, tirou do bolso do colete um molho de chaves, colocou-o sobre a mesa e o empurrou com o indicador amarelado pela nicotina.

– Mas o que significa isso? – perguntou o magistrado, cruzando os braços.

– Como eu estava dizendo, Excelência, temos observado o quanto o senhor tem feito pela nossa comarca; trabalha dia e noite, sem descanso, inclusive aos sábados...

Fez uma pausa. Queria observar a reação do juiz, o qual, impassível, permaneceu com os braços cruzados.

– Então, os homens de bem da cidade – eu, o senhor prefeito e o coronel Libório – nos cotizamos e adquirimos para Vossa Excelência aquela prenda estacionada ali na frente. Afinal, não fica bem à autoridade máxima da comarca andar a pé...

O juiz, depois de pensar por alguns segundos, pegou as chaves.

O bacharel, triunfante, perfilou-se, fez uma reverência e curvou tanto a cabeça que a sua peruca se descolou na nuca.

O juiz saiu calado e o bacharel o acompanhou, exultante.

Pararam na calçada.

Próxima ao meio-fio, uma caminhonete branca, reluzente. Em volta, o porteiro, oficiais de justiça e várias outras pessoas observavam com curiosidade.

– É linda, não é? – perguntou o bacharel, com os olhos brilhando, regozijando-se ao extremo.

O juiz ficou em silêncio. Depois, chamou um oficial de justiça e transmitiu uma ordem em voz baixa.

O meirinho atravessou a rua e entrou na Santa Casa.

Passados alguns minutos, voltou com a irmã de caridade, diretora do hospital.

A freira, baixinha, andava apressada atrás do oficial de justiça.

– Irmã, disse o juiz, está aqui o nosso oficial, dono do cartório.

A religiosa, olhinhos apertados por trás dos óculos, esquadrinhou a testa do bacharel, numa vã tentativa de descobrir a idéia que bailava na cabeça daquele sujeito afetado e muito esquisito.

Depois, meio confusa, abaixou a cabeça e o cumprimentou:

– Prazer.

O bacharel, com olhos interrogativos, virou-se para o juiz, que continuou:

– Disse-me ele que pretende fazer uma doação ao hospital, mas, por ser cristão, não gostaria que o seu ato fosse antecedido de pompa.

Em seguida, estendeu-lhe as chaves, apontando para a caminhonete.

A freira, emocionada, pegou as mãos do bacharel e beijou, por duas vezes, aqueles dedos amarelos de nicotina.

– Obrigada, meu filho. Muito obrigada!

– Mas... – tartamudeou, lívido, o bacharel.

– Viva o bacharel! Viva o bacharel! – gritavam.

Dispersadas as pessoas, o dono do cartório ficou ali, embasbacado, no meio da calçada.

Enquanto entravam no prédio, o meirinho perguntou ao juiz:

– O que há com o bacharel? Está mais amarelo do que já é!

– Deve ser emoção...

– Além de incorruptível, parece que o nosso juiz é totalmente desprendido – comentei divertido.

O jardineiro, sério e em silêncio, fez, novamente, um semicírculo no ar.

– Vocês são uns incompetentes! – rugiu o prefeito.

Agora, a reunião era numa outra sala e havia um novo personagem. Era um sujeito bem alto e muito magro, com cara de fuinha. Usava terno branco, de linho, amarrotado. Tratava-se do presidente da câmara de vereadores.

– O nosso vereador aqui – continuou o prefeito, colocando a mão no ombro direito do recém-chegado – garante que a corrupção é da natureza do ser humano.

– Sim, pelo que eu soube, faltou tato quando abordaram o juiz... – disse o edil, com ar professoral.

– A idéia – continuou – é outorgar ao eminente magistrado, no aniversário da cidade, o título de cidadão....... Uma vez "conterrâneo", a abordagem será bem mais fácil.

À exceção do delegado, todos sorriram com satisfação.

O ambiente mudou.

Apareceu o gabinete do juiz. Na mesa, um envelope grande, ricamente desenhado com letras douradas: *A Sua Excelência o Ilustre Juiz de Direito da Comarca.*

O juiz, sem nenhuma curiosidade, rasgou o envelope e leu:

Os Excelentíssimos Senhores Prefeito e Presidente da Câmara Municipal têm a subida honra de convidar Vossa Excelência para as festividades do aniversário da nossa cidade, ocasião em que será outorgado a Vossa Excelência o título de cidadão...

Agastado, sem terminar de ler, jogou o convite no cesto de lixo.

Foi nesse momento que sentiu, pela primeira vez, aquele perfume exótico e irresistível...

Manhã ensolarada.

A praça, repleta e engalanada, transpirava alegria e satisfação; casais de namorados iam e vinham, passando em frente ao coreto; as crianças, exultantes, com os seus balões multicoloridos, faziam grande algazarra.

No palanque, todo enfeitado, as autoridades convidadas. Embaixo, na frente, a banda municipal executava, sem parar, o hino da cidade.

No alto-falante, a todo momento, o locutor oficial anunciava que, "logo mais", o ilustre juiz da comarca estaria recebendo o título de cidadão...

Sucede que o tempo foi passando e nada de sua excelência. O prefeito e o presidente da câmara, com extrema ansiedade, "esticavam" o pescoço numa vã tentativa de vislumbrar o magistrado no meio daquela multidão. Até que, passada uma hora do horário previsto, visivelmente contrariados, lívidos e suando em bicas, perguntaram ao delegado sobre o paradeiro do juiz.

O policial pigarreou, contraiu por duas vezes o músculo da face direita e perguntou:

– Os senhores estão vendo aquele senhor de bermuda e chapéu de palha, acompanhado de um menino, com varas de pescar, passando do outro lado da praça?

– Sim... e daí?

– É o "homenageado" com seu filho...

– !?!

Sem querer, deixei escapar estrondosa gargalhada.

O jardineiro, impassível, fez outro semicírculo no ar.

Novamente, apareceu aquela sala já conhecida.

Em volta da mesa, sentados, o coronel Libório, o prefeito, o presidente da câmara, o bacharel e o delegado.

– Vocês viram que falta de civilidade? – perguntou o prefeito.

– Devemos dar-lhe uma lição que jamais esquecerá – ameaçou o coronel, cerrando os punhos.

O jardineiro fez outro semicírculo aparecendo, instantaneamente, o prédio do Tribunal de Justiça, na capital.

Subindo a escadaria, vi, numa comitiva, o coronel e seus sequazes.

– Pois não? – perguntou a secretária.

– Gostaríamos de falar com o Corregedor-Geral de Justiça. Diga-lhe que somos da comarca de....

– Os senhores devem assinar no livro de visitantes.

– Não tem problema – adiantou-se o bacharel, com a falsa aparência que "era da casa".

Introduzidos em um pequeno gabinete, aguardaram.

Pensei, naquele momento, se não estaria perdendo tempo assistindo àquela espécie de representação teatral de terceira categoria. Afinal, momentos antes, o jardineiro vinha ministrando ensinamentos de alto padrão moral.

– Posso ser útil em algo? – perguntou, polidamente, o Corregedor, que acabara de chegar. Meio gordo, cabeça branca, de óculos, aparentava uns sessenta anos.

Todos se levantaram.

– Por favor, sentem-se.

O bacharel, antecipando-se, perfilou-se, curvou tanto a cabeça que sua peruca descolou-se da nuca.

– Excelência, somos da comarca de... Estão aqui o prefeito, o presidente da câmara e o coronel Libório. Querem fazer uma reivindicação....

– É sobre o juiz, não é?

– Vossa Excelência já está sabendo? – indagou o coronel, fingindo surpresa.

Ante o silêncio, continuou:

– Primeiramente, gostaríamos de agradecer ao Tribunal por ter designado para a nossa comarca um juiz honesto e trabalhador...

O coronel fez uma pausa, aguardando o impacto da frase.

O Corregedor, entretanto, não esboçou nenhuma reação.

– Na verdade não se trata de uma reivindicação, mas de um aconselhamento. Gostaríamos de saber o que Vossa Excelência recomendaria...

– Do que se trata?

– Como disse, nossa cidade está de parabéns. Tem um juiz honesto, trabalhador, bom chefe de família, mas...

– Continue – incentivou o Corregedor, já impaciente.

– É que ele bebe demais!

– O senhor tem certeza?

– Absoluta!

O Corregedor, com olhos interrogativos, virou-se para os demais, que confirmaram.

– O senhor acredita – continuou o coronel – que no último carnaval o nosso juiz bebeu tanto que caiu desmaiado no salão do clube? Ora, convenhamos, decididamente, isso não fica bem para uma autoridade...

O Corregedor, calmamente, chamou a assessora pelo interfone.

– Esses senhores já se despediram. Por favor, mostrelhes a saída.

– Mas como? – perguntaram surpresos, fingindo indignação.

– Olhem aqui – bradou o Corregedor com rispidez, apontando o dedo – esse juiz, que vocês procuram difamar, tem alergia a álcool. Todos aqui do Tribunal sabem disso. Ele não pode beber sequer uma taça de vinho que o seu corpo fica todo empolado!

Lívidos, curvaram a cabeça como adolescentes quando repreendidos.

– Por isso que juiz nenhum pára nessa comarca! – gritou o Corregedor, bastante irritado.

– Saiam! – completou.

Imediatamente surgiu o gabinete do juiz, que, absorto, lia peças de um processo.

De repente, sentimos aquele estranho perfume.

O juiz deixou os autos de lado e ficou parado, por alguns segundos, como que arrebatado. Depois, precípite, abriu a porta, olhou o corredor, mas não viu ninguém.

– Interessante, pensei ter visto uma espécie de sombra fugaz toldar o semblante do juiz – comentei intrigado.

– A fragrância é um dos inúmeros instrumentos de que se serve *Maya* para atrair suas presas – respondeu o jardineiro.

– Por sermos prisioneiros do poder de *Maya,* é lícito considerar que vivemos em estado de escravidão?

– De forma nenhuma. Essas passagens pelo universo material são necessárias, a fim de tornar possível a perfeição da Mônada humana.[9] Já se disse, com muita propriedade, que *a involução dentro da matéria é efetuada através da identificação com a matéria. A evolução para fora da matéria é realizada pela identificação com a consciência. Quanto mais nos identificamos com a matéria mais submergimos na matéria e nos tornamos prisioneiros de nossos veículos e de nosso meio ambiente. Quanto mais nos identificamos com a consciência mais nos libertamos do* Jada Jagat *(universo material) e suas ilusões e nos tornamos cônscios daquela Realidade que é conhecida como Deus.*[10]

– O senhor acredita em Deus?

– Acredito em um Princípio divino universal, a raiz de Tudo.

– Dizem que no princípio era o caos e que o universo é obra do acaso e não tem finalidade alguma.

– Pensar que esse majestoso Universo, formado por incontáveis astros, tudo em perfeito equilíbrio, é obra do acaso, é o mesmo que imaginar a possibilidade de formar o poema épico "Paraíso Perdido", de Milton, com centenas de milhares de letrinhas atiradas para o alto. A idéia de que esse Universo, magnificamente planejado, não tem finalidade alguma, é um

---

[9] – Espírito individual.

[10] – I.K.Taimni, *Gayatri O Mantra Sagrado da Índia,* Ed. Teosófica, 1991, p. 28.

insulto à inteligência humana. Já se disse: *O universo não é nem caos nem acaso, mas suprema ordem.*[11]

– E os milagres?

– O homem conhece apenas pequena parte das leis naturais; por isso ocorrem muitas coisas que não consegue explicar, devido a sua ignorância (*Avidya*). Sempre que ocorre um fenômeno inexplicável, que refoge da sua minguada compreensão, é "milagre". Na verdade, tudo o que acontece é resultado da Lei eterna e imutável. Não há milagres.

O estranho perfume, novamente, chamou a nossa atenção.

Bela cabeça de mulher insinuou-se pela porta do gabinete, apenas entreaberta.

– Posso?... – perguntou, batendo com os nós dos dedos, por duas vezes, na porta.

– Sim?

– Eu sou Mara.[12]

– Posso ajudá-la em algo? – indagou o juiz, levantando-se.

Era uma jovem de uns dezoito anos, talvez dezenove, não mais que isso. Seus olhos negros e irrequietos tinham um brilho enigmático; os lábios, muito sensuais, eram de um carmesim intenso e os cabelos, negros e sedosos, reluziam quando a jovem os jogava para trás com um ligeiro meneio.

Naquele momento não tive mais dúvida: o rosto do magistrado, antes marcado por traços fortes que denotavam franqueza, agora se apresentava misteriosamente assombreado.

---

[11] – *A Grande Síntese,* Pietro Ubaldi, 19ª edição, p. 38.

[12] – Na filosofia esotérica, *Mara* é a tentação personificada pelos vícios humanos. Traduzida literalmente, esta palavra significa "o que mata" a Alma.

– Sente-se, por favor.

– Eu faço faculdade de Direito; estou no segundo ano.

– Ah, sim.

– Estou conhecendo o fórum; é bem interessante – completou a jovem sorrindo.

Falou por uns cinco minutos. Dissera que fora criada naquela cidade, mas que no momento fazia faculdade na capital. Estava de férias. O juiz apenas ouvia e, de vez em quando, assentia com movimentos de cabeça.

Mesmo após umas duas horas que a moça houvera deixado o gabinete, sentia-se, ainda, aquele perfume inebriante...

Onze horas e trinta minutos. Sol a pino. Trinta e três graus e lá ia o juiz, com o seu terno marrom. De repente um carro, mustang vermelho, diminuiu a marcha e quase parou ao seu lado.

– Quer uma carona?

Era a jovem.

– Não, senhorita, muito obrigado. Eu moro perto daqui– respondeu o juiz, meio sem jeito.

Durante a semana sonhou com a moça todos os dias. Estava sozinho. A esposa e os filhos haviam aproveitado as férias para visitar os parentes, em um outro Estado. Não fizera o mesmo porque ficara de plantão.

À tarde, no gabinete, sentiu aquele misterioso perfume. Pensou ir até a janela, de onde provinha aquela fragrante brisa; porém, teve a sensação de ser advertido por um estranho sussurro:

– Mas o que há com você?

Ficou assustado, por alguns instantes; depois, pensou em voz alta:

– Que bobagem é essa? Não há ninguém aqui.

Dirigiu-se até a janela e olhou para a rua. Do outro lado, estacionado, o mustang vermelho...

Coração disparado, precipitou-se porta afora e desceu correndo a escadaria. No entanto, já na calçada, pôde perceber, com desagrado, que o carro desaparecera. A moça não estava mais ali. Discretamente, e porque alguns funcionários o observavam, entrou no banco e sacou, sem necessidade, uma pequena quantia. Depois, voltou ao gabinete.

– Que sussurro foi aquele? – perguntei ao jardineiro.

– Não houve sussurro nenhum. Era a Intuição.

– Ela sempre se manifesta?

– Não, às vezes há apenas impulso.

– Como fazer a distinção? – perguntei, com bastante interesse.

– Um impulso geralmente é acompanhado por excitação; ao passo que a verdadeira Intuição está cercada de serenidade. O impulso nasce no corpo astral, enquanto a Intuição provém do plano mental superior e, às vezes, do búdico.

– É difícil distinguir o impulso da Intuição, não é assim?

Depois de pensar por alguns segundos, o jardineiro continuou:

– Leadbeater, lembrando Besant, diz que *sempre que as circunstâncias permitirem, é bom esperar um pouco para decidir, porque um impulso normalmente enfraquece, enquanto a intuição não é afetada pela passagem do tempo.*[13]

– Se um impulso não for obedecido de imediato, o que acontece?

– Diferentemente da Intuição, no impulso sempre há algo de pessoal, de sorte que, se não for obedecido imediatamente, se algo o impedir, surge um sentimento de rancor, de ressentimento – enquanto a Intuição está rodeada de uma sensação de poder e serenidade.

---

[13] – *A Vida Interna,* Editora Teosófica, 1996, p. 265.

– Por que o juiz, mesmo casado e amando a esposa, procura uma aventura que já se mostra, no mínimo, assaz temerária?

– Ao *Jivatma,* ou Espírito individual encarnado, tendo perdido a fonte direta de *Ananda*[14] interior, é natural que busque *Ananda* no mundo exterior.

– O senhor poderia explicar melhor?

– O ser humano sente atração *(Raga)* por qualquer pessoa ou objeto, quando qualquer espécie de prazer ou felicidade é derivada daquela pessoa ou objeto.

Após uma pequena pausa, continuou:

– O renomado professor I.K. Taimni esclarece que *é natural, para nós, sentirmo-nos atraídos desta maneira, porque a alma prisioneira, tendo perdido a fonte direta de* Ananda *interior, tateia em busca de* Ananda *no mundo exterior, e qualquer coisa que ofereça uma sombra disso, sob a forma comum de felicidade ou prazer, torna-se querida para ela. Se nos sentimos atraídos por qualquer pessoa ou objeto, verificaremos sempre que a atração é devida a alguma espécie de prazer físico, emocional ou mental. Podemos ser dependentes de uma determinada espécie de alimento por considerá-lo agradável. Podemos ser ligados a uma pessoa, porque com ela obtemos algum prazer físico ou emocional. Podemos ser devotados a certo tipo de busca, por nos dar satisfação intelectual.*[15]

– E os casos de sentimento ou sensação de aversão que às vezes temos por qualquer pessoa ou objeto?

– *Dvesa* ou repulsão, como o nome está a demonstrar, é o contrário de *Raga* ou atração. É quando se sente natural repul-

---

[14] – Bem-aventurança, alegria, felicidade.

[15] – *A Ciência do Yoga,* Editora Teosófica, 1996, pp. 124/125.

são com referência a qualquer pessoa ou objeto que represente uma fonte de dor ou infelicidade.

– Por que a Intuição advertiu o juiz?

– Porque essa moça é fonte de infelicidade e dor...

– Por que ele não a ouviu?

– Mergulhado no oceano de *Maya* e de mãos dadas com *Avidya* ou ignorância, não tem o discernimento de vislumbrar a dor "potencial" nos prazeres efêmeros e mundanos, que busca com sofreguidão.

– Perdão, mas como pode um juiz estar de mãos dadas com a ignorância?

– Sua ignorância nada tem a ver com o conhecimento adquirido mediante o intelecto; é, antes, a ausência de percebimento de sua natureza divina, o que resulta na inabilidade de distinguir entre o eterno, puro e bem-aventurado Eu espiritual, do não-eterno, impuro e doloroso eu pessoal.

O juiz não conseguia esquecer a jovem; pensava nela a todo instante e por ser honesto, digno e leal, considerava aqueles pensamentos espúrios como traição para com a esposa amantíssima. E os sonhos que teimosamente se repetiam e que não gostaria de relembrar porque fariam corar o maior de todos os dissolutos da face da Terra?

Por isso, vivia amargurado. Sua aura, de um cinzento-plúmbeo, expressava profundo abatimento, o qual dava ao corpo astral um indefinível aspecto melancólico e triste.

Malgrado isso, naquele sábado resolveu pescar. Munido de todos os petrechos, com um sanduíche frugal na pequena cesta, dirigiu-se ao riacho que distava pouco mais de três quilômetros de sua casa.

Sentou-se à sombra, jogou o anzol na água e ficou na expectativa.

De repente, teve a nítida sensação de que o perfume de Mara veio com vento morno que lhe batia no rosto. Levantou-se rapidamente, como se fora impulsionado por uma grande mola. Coração acelerado, sua aura ficou em completa desorganização. Uma cor vermelho-escarlate opaca, difícil de descrever, denotava, indubitavelmente, indício de sensualidade.

Mais calmo, pensou por alguns segundos; depois, pegou a cesta e desceu o riacho, deixando os petrechos de pesca escondidos.

Ao fundo, viam-se altas montanhas de cor cinza-escuro, cujos cimos pareciam de ferro; nas bases, uma vegetação muito densa. Enquanto caminhava, pensava por que não tivera ainda a curiosidade de descer o riacho. Não conhecia aquele lado; tampouco tinha a menor idéia do que havia lá embaixo. Presumia, apenas, que fosse um desfiladeiro.

– E se ela "fugisse" como da outra vez? – pensou angustiado.

O perfume, qual fio intangível de Ariadne[16], o guiava naquela floresta quase intransponível.

O ambiente ficara mais úmido, frio e escuro, porquanto o sol desaparecera. A sua volta, milhares de árvores gigantescas. O curso de água tomara outro rumo. Não se ouvia nenhum barulho ou cantoria de pássaros. Era um silêncio inexplicável e inquietante.

O juiz começou a ficar preocupado, porque acabara de olhar para trás e não sabia mais dizer por onde teria passado, já que as árvores eram estranhamente iguais e não havia por ali nenhum vestígio. Além disso, a fragrância esmaecera.

Não saberia dizer por quanto tempo teria caminhado. Não sentia cansaço, porém experimentava um misto de angústia e curiosidade. Passados uns trinta minutos ouviu, ao longe, um barulho muito estranho. À medida que caminhava,

---

[16] – Mit. Gr. Ariadne, filha de Minos, deu um fio a Teseu, que viera a Creta combater a Minotauro. Esse fio o ajudou a sair do labirinto depois de ter abatido o monstro. Ariadne foi abandonada por Teseu na ilha de Naxo.

mais o ruído aumentava, até que se transformou num estrondo contínuo, ensurdecedor e prolongado.

Olhou em volta, procurando, em vão, uma explicação. Em meio àquela floresta densa, conseguiu ver uma pequena abertura contrastando com a lugubridade do lugar.

Devagar e com cuidado transpôs aquela abertura, supondo sair em uma clareira, mas antes, percebeu, surpreso, que o solo era de pedra!

Ficou deslumbrado: uma catadupa de águas cristalinas caía, violentamente, de grande altura, produzindo um estrondo ensurdecedor e formando uma espécie de bacia descomunal com espumas alvíssimas e borbulhantes. Mais adiante, imenso lago de águas plácidas azuis; ao fundo, bem longe, as montanhas cinzentas com cimos que pareciam de ferro.

De repente, coração acelerado, olhou em todas as direções, porquanto voltara a sentir o perfume inebriante. Agora mais acentuadamente.

Sentada em uma grande pedra, sorrindo, a bela jovem comentou divertida:

– Vejo que descobriu o meu lugar predileto...

Arrebatado, contemplou aquele rosto que jamais esquecera desde quando o vira pela primeira vez. Sua vontade era de arrojar-se aos pés daquela deusa.

– Contenha-se! – pareceu-lhe ouvir a advertência.

– Olá, senhorita...

– Vocês juízes são sempre assim?

– Como?

– Cerimoniosos.

O juiz corou.

A moça levantou-se e, inesperadamente, pespegou-lhe um beijo fugaz na boca e saiu correndo, divertida, descendo a ladeira que havia do outro lado.

O juiz, meio desajeitado e segurando o cesto, quis também correr mas sentiu forte dor na coluna e desistiu.

Em poucos minutos a moça já estava numa pequena embarcação amarrada a uma estaca cravada na areia.

– Venha, vamos dar um passeio!

Maljeitoso, como sempre, e pesadão, o juiz, ao tentar embarcar, pisou em falso e o bote virou, mas não afundou. Apesar do mergulho, levantou o cesto, como se fora um troféu, para que não se molhasse.

Cabelos escorridos, ergueu-se a custo e, desajeitadamente, passou a mão esquerda, por duas vezes, no rosto.

A moça não parava de rir, apontando para a cabeça do juiz, que não entendia nada.

– Desculpe senhorita...

Estava simplesmente grotesco: na cabeça, grande tufo de algas verdes e aninhado, graciosa e comodamente, pequeno batráquio amarelo de olhos esbugalhados...

Com muito custo levaram de volta o barco até a margem; desvirado e retirada a água, embarcaram novamente, alcançando a outra margem, agora sem nenhuma dificuldade.

Sentada na proa, a universitária remava com destreza e elegância; e a brisa, que soprava da praia, brincava com os seus cabelos e depois, impregnada, levava, preguiçosa e generosamente, aquele perfume irresistível. Sem nada dizer, o juiz, enlevado, beijou-lhe os cabelos e, emocionado, a abraçou, encostando a cabeça da moça no seu peito.

Logo viram, perto da praia, pequena casa de madeira, bem simples mas graciosa.

Inesperadamente surgiu, não se sabe como, violento vendável arrastando um nevoeiro denso que estava longe; coriscos rasgavam o céu enegrecido repentinamente, obrigando os dois a se refugiarem na pequena habitação.

– Puxa! Que aguaceiro! Será que há alguém na casa?

– Não, só nós – respondeu a moça com olhar de cumplicidade.

– Não brinque...

Na pequena sala, a mesa, posta para duas pessoas, exibia várias iguarias.

Ante a mesa exuberante o juiz, envergonhado, procurou, disfarçadamente, livrar-se do cesto.

– O que você tem aí?

– Não é nada não...

– Ah, deixa eu ver vai...

– Não é nada senhorita, apenas...

A moça, sorrindo, arrebatou-lhe o cesto e abriu: dentro, o pequeno sanduíche com o pão já um tanto murcho.

O juiz enrubesceu de vergonha.

– Posso?

Sem cerimônia, pegou o sanduíche, sentou-se à mesa e deliciou-se.

Depois do almoço, cessada a chuva, resolveram passear pelos arredores.

– Que casa é essa?

– O meu pai é falecido... Herdei esse chalé...

– Como você sabia desse nosso encontro?

A moça desconversou:

– Está gostando daqui?

– Muito. Jamais pensei encontrar um lugar como este...

Depois de muito caminhar, voltaram.

Perto da casa, embaixo de uma grande árvore, sentaram na relva. O juiz estava exausto. A moça tomou-lhe a cabeça no colo e, delicadamente, acariciou os seus cabelos. O céu rubro, salpicado de amarelo, estava maravilhoso. Era o pôr-do-sol. Tomado de irresistível modorra, o juiz adormeceu. Sonhou que era noivo de Mara e a abandonara para ficar com a sua atual esposa. O sonho era muito nítido, parecia real, por isso ficou bastante impressionado.

Acordou após uns trinta minutos, sentindo intensa e doce fragrância de gardênia e de jasmim.

Quis levantar-se mas sentiu pesar-lhe a cabeça.

– Espere...

– Que perfume é este?

– Vem dali – apontou.

O juiz olhou para o lado e deparou com uma pequena árvore de aproximadamente dois metros e meio. Tinha larga copa e galhos grossos, cobertos por folhas verdes; as flores brancas possuíam seis pétalas instaladas em volta de um tubo alaranjado.

– Mas quando chegamos aqui não havia flores nessa árvore – observou perplexo.

– As flores da Parijata[17] abrem-se durante a noite e caem ao nascer do sol.

– Que pena... Mas por que elas têm vida tão efêmera?

– Contam, na Índia, a história de uma princesa que se apaixonou pelo deus-sol *(Surya)*. Como ele diariamente atra-

---

17 – *O Vishnu-Purana,* 1.V.Cap. XXII e XXX, fala sobre a cidade de Duarca, na qual "Krishna resolveu, pois, construir uma cidadela onde a tribo de Iadu encontrasse um refúgio tão seguro que até as mulheres poderiam defendê-la. A cidade de Duarca era protegida por muralhas elevadas, embelezada por jardins e reservatórios de água, e era tão esplêndida quanto Amaravati, a cidade de Indra. "Nela foi plantada a árvore chamada Parijata, "cujo odor suave perfumava a terra à distância. E todos aqueles que dela se aproximavam ficavam em condições de se recordarem de sua existência anterior". Esta árvore, evidentemente, era o símbolo da ciência divina e da iniciação, o mesmo encontramos na tradição caldaica e que, daí, passou para o Gênese hebraico.

Depois da morte de Krishna, a cidade submergiu, a árvore subiu ao céu, mas o templo permaneceu. Se tudo isso tem um sentido histórico, significa, para quem conhece a linguagem ultra-simbólica e prudente dos hindus, que um tirano qualquer mandou arrasar a cidade e que a iniciação se tornou cada vez mais secreta. *(Os Grandes Iniciados*, Édouard Schuré, Ibrasa, 1985, p. 98).

vessava o céu de leste a oeste, em sua carruagem ígnea, ela foi cativada por seu brilho e beleza. A sua devoção atraiu a atenção dele, mas depois de certo tempo ele foi distraído por outros interesses e a princesa foi abandonada. Desesperada, ela se matou e de suas cinzas cremadas nasceu a árvore *Parijata*. Tendo ela sido rejeitada pelo deus-sol, a árvore somente floresce à noite; e, antes que o sol se levante, as flores caem de modo que seus raios não as atinjam...

– Que história fascinante!

– Dizem, também, que pessoas sensitivas, quando chegam perto da árvore Parijata, recordam de eventos de suas vidas passadas... Mas, penso que isso é apenas uma alegoria, utilizada pelos Sábios, para explicar que a fragrância é um valioso meio de acessar memórias guardadas...

O juiz empalideceu. Acabara de lembrar do sonho recente.

– Que foi? Está se sentindo mal?

– Não é nada não...

Conversaram até tarde da noite.

O jardineiro, em silêncio, fez um semicírculo no ar. Naquele momento, presenciei um espetáculo que jamais esqueceri.

Era noite. Para minha surpresa, aquela árvore radiante estava bem ali na nossa frente. O plenilúnio espalhava um clarão argênteo; e as folhas daquela árvore fascinante pareciam de prata. Suas flores etéreas, em oferenda generosa, exalavam um perfume dulcíssimo. Porém, pouco antes do nascer do sol, as delicadas flores começaram a cair, juncando a relva, que ficou parecendo um tapete de beleza indescritível.

– Por que as flores caem?

– Ela está chorando. As flores são suas lágrimas... – respondeu o jardineiro, com olhar compassivo.

Essa passagem iria me marcar para sempre.

A um sinal do jardineiro, voltamos à situação anterior.

Naquela manhã passearam de barco e ao meio-dia estenderam uma toalha na relva, embaixo da grande árvore, onde almoçaram.

Após a refeição, o juiz deitou-se, encostando a cabeça no colo da jovem. O céu estava azul, com nuvens brancas feito flocos de algodão.

– Eu preciso lhe falar – disse o juiz.

– Por favor, não vamos estragar esse momento com coisas mundanas...

O dia passou rápido; e à noite a moça levou o juiz, deixando-o perto de casa.

Todas as noites, por volta das dezenove horas, eles se encontravam secretamente e iam para o chalé, onde passavam a noite. Antes do sol raiar, a jovem deixava o juiz na sua casa.

E assim transcorreu todo o mês de janeiro. Um dia, antes do amanhecer, ainda estava escuro quando chegou a casa. Teve um sobressalto: a luz da sala estava acesa!

– Será um ladrão? – pensou preocupado.

Com cuidado, através da vidraça, esquadrinhou a sala e deparou com a esposa sentada, olhando para a porta da frente.

Sem pensar no que iria dizer, abriu a porta angustiado.

– Quando você chegou? As aulas não recomeçarão só depois de amanhã?

Silêncio.

– Cadê os meninos?

– Não acredito que você tenha uma justificativa razoável para este comportamento vulgar.

Era verdade. O que dizer? Se fosse um outro, poderia inventar que fora seqüestrado; perdera a memória momentaneamente e ficara andando a noite toda, sem rumo, etc. Mas não ele. Não sabia mentir; era um magistrado digno de respeito e exemplo de retidão.

Estava arrasado. Deixou-se escorregar num sofá, escondendo o rosto nas mãos, como se isso fosse suficiente para fugir dali. Sabia que o seu silêncio, naquela circunstância, era bastante comprometedor, porém não conseguiu sequer balbuciar uma desculpa.

– Eu e os meninos estamos cansados, mas amanhã deixaremos esta casa. Sairemos à noite para poupar você do opróbrio.

– Que vergonha! Deveria ser o primeiro a dar bom exemplo, no entanto fui pilhado chegando numa hora imprópria, sem qualquer justificativa – pensava.

Até aquele momento, julgava-se um homem de inquebrantável estofo moral; jamais transigia em questões de honra. Esse era o conceito que fazia de si próprio. Entretanto, acabara de chegar à triste conclusão de que sempre fora condescendente consigo.

– Que vergonha! – repetia.

Era sábado. Resolveu ir ao fórum e passar aquele final de semana trancado no seu gabinete. Antes de sair, passou pelo quarto dos meninos, que dormiam.

Por volta das vinte e duas horas do outro dia foi para casa. Não havia mais ninguém. Estava tudo em silêncio.

Sentou-se no mesmo sofá.

– Que fazer? – pensava angustiado, pois não encontrava saída para aquela situação inusitada.

– Não podemos fazer nada? – perguntei ao jardineiro.

– Todo homem é o seu Mestre; deve perguntar a si próprio porque em cada um *está a luz do mundo – a única luz que pode ser projetada sobre o caminho. Se fores incapaz de percebê-la dentro de ti, é inútil procurá-la em outra parte...*[18]

– !?!

– O Mestre é o Eu Superior, o âmago vivo do próprio homem.

---

[18] – *Luz no Caminho,* 1.12, Mabel Collins, Ed. Teosófica, p. 41-42.

– Como saber se o Eu Superior existe, se não podemos vê-lo?

– Pode haver nuvens, no entanto o sol está lá. A Luz do Eu pode ser encoberta pelas nuvens do desespero ou enfraquecida por *Maya,* mas ainda está ali. Da mesma forma que o sol não pode iluminar a si mesmo com a própria luz, o homem não pode ver o "Eu".

– Como fazer para ouvi-lo?

– Quem quiser ouvir a Voz do Silêncio e compreendê-la tem de aprender a natureza de *Dharana.*[19]

Os dias se arrastavam; fazia apenas uma semana que a mulher o abandonara, levando os filhos, mas isso parecia uma eternidade.

Ralado por causa da saudade que tinha dos filhos, principalmente do menorzinho, evitava as pessoas e falava apenas o necessário. Jamais experimentara sofrimento tão atroz.

– Se a personalidade perece com a morte do corpo físico, qual a utilidade de tanto sofrimento, se na próxima encarnação será uma outra personalidade que tomará o lugar do juiz?

Depois de pensar por alguns segundos, o jardineiro falou pausadamente:

– As personalidades, nas sucessivas reencarnações, são expressões temporárias de uma entidade mais elevada, que é o *Jivatma,* ou Ego Imortal, ou ainda a Individualidade. Esta, sim, encarna nas diferentes personalidades; e a memória global de todas as vidas pelas quais passou fica impressa na "mente" do *Jivatma.* De sorte que a personalidade, ou *Jiva,*

---

[19]– *Dharana* é a intensa e perfeita concentração da mente em algum objeto interior, acompanhada de abstração completa de tudo o pertinente ao universo externo, o mundo dos sentidos. *A Voz do Silêncio,* I. H.P.Blavatsky.

não está cônscia das experiências – sofrimentos e prazeres – de vidas anteriores, mas o *Jivatma* está! Por isso, podemos compreender o porquê das repulsões ou atrações que sentimos por determinada pessoa sem ao menos conhecê-la.

– Quer dizer que, da próxima vez, por causa do atual sofrimento, a personalidade que ocupar o lugar do juiz poderá ouvir a voz da Intuição quando se encontrar com a outra personalidade que substituir Mara?

– Sim.

Passados uns trinta dias encontrou sobre a mesa, no seu gabinete, uma carta com letra de mulher, em cujo envelope não constava o nome da remetente. Sem abri-la, sabia que era de Mara, por causa do perfume. Nela, a jovem marcava encontro, no lugar de costume.

– Tenho uma notícia maravilhosa. Vamos ter um filho!– disse a jovem, exultante.

– O quê?

– O vovô é que vai ficar muito contente. Sempre quis ter um neto...

– E quem é seu avô?

– Coronel Libório.

O juiz empalideceu. Sentiu-se tão mal que sentou na relva, balançando a cabeça, muito contrariado.

– Você está doida? Se souber que temos um caso ele manda me matar...

– Mas ele já sabe!

– !?!

– Naquela primeira vez que estive no fórum foi para conhecer você.

– Por quê?

– Fiquei com pena. O meu avô disse que você era muito infeliz; vivia amargurado porque a sua mulher não podia ter filhos.

– O que mais?

– Que você era um excelente partido, pois estava prestes a divorciar; que considerava você como filho...

O juiz estava abismado.

– Quando contei que havia conhecido você, continuou, ele ficou muito contente, mas me pediu discrição, porque você era muito orgulhoso e não iria aceitar um casamento arranjado... Mas agora, que importância tem isso se já vamos ter o nosso filho?

– Mara não conhece o monstro que tem por avô. Eu achava que ele havia desistido do assédio; agora sei que era apenas uma trégua. Por isso não me procuraram mais! Ó meu Deus, que terá ele em mente? – pensava.

– O que foi, não gostou da surpresa?

– Oh sim, muito. É que estou com uma terrível dor de cabeça – o que era, em parte, verdade – depois conversaremos, está bem?

Chegou a casa.

– Quanta ingenuidade! Achava que me encontrava com Mara, secretamente. Qual! Vai ver que todos na cidade, até as crianças, já sabem dos nossos encontros no chalé. Que vergonha!

Acima de sua cabeça via-se uma forma de pensamento[20] da qual brotara grande quantidade de semicírculos, à maneira de meias luas. Algumas, em primeiro plano, cinzentas, significando medo; outras, debruadas pelo escarlate; e uma última, puro escarlate, sugerindo que no primeiro momento –

---

[20] – Todo pensamento dá origem a uma série de vibrações que no mesmo momento atuam na matéria do corpo mental. Uma esplêndida gama de cores o acompanha, comparável às reverberações do sol nas borbulhas formadas por uma queda de água, porém com uma intensidade mil vezes maior. Sob este impulso, o corpo mental projeta para o exterior uma porção vibrante de si mesmo, que toma uma forma determinada pela própria natureza destas vibrações. (A. Besant e Leadbeater – *Formas de Pensamento,* 1995, p. 48, Editora Pensamento).

quando recebeu a notícia – o juiz ficou seriamente assustado; depois, recuperado da primeira impressão, ficou contrariado por haver-se deixado surpreender pelo medo; e, por último, dominando-se, subsistia apenas a contrariedade.

O jardineiro gesticulou e apareceu o gabinete do juiz.

– Com licença? – era a escrivã – Há um senhor na recepção querendo falar com V. Exa.

– Ele disse quem é?

– Não, apenas falou que é da parte do avô de V. Exa.

– Que coisa estranha – pensou o juiz – eu não tenho mais avô!

– Peça-lhe que entre.

– Licença?

Era um senhor de idade, magro, de cabelos compridos, prateados e untuosos, vestindo uma camiseta encardida. O rosto exibia barba rala e branca, olhinhos vivos e um sorriso zombeteiro. Nas mãos, um chapéu de palha desfiado e um envelope.

– Pois não?

Não disse nada, apenas estendeu o envelope e aguardou, em pé.

O juiz pegou a carta e abriu febrilmente o envelope:

Querido neto,

O portador desta é o compadre Eusébio que está demandando com um vizinho, por causa de uma aguada. Por favor, cuide do caso com carinho.

De seu extremoso avô Libório.

– Está entregue – falou entre os dentes.

– Licença...

– "Querido neto"... Que descarado! – vociferou.

– Eusébio... Acho que já sentenciei... – pensava, enquanto examinava a pasta de cópias de sentenças.

– Será que... Ah, aqui está!

O velho havia ganho. A sentença, proferida recentemente, apenas não houvera sido publicada. De início, sentiu até um certo alívio. Mas e depois? Sabia que haveria novos assédios.

– Qual será a intenção do coronel Libório? – pensava preocupado, inclusive pelo fato de o coronel achar, evidentemente, que o velho ganhara a questão por causa de sua intervenção. Pior: começara a duvidar do acerto da decisão, porquanto, geralmente, quando há intercessões ou pedidos para que se analise "com carinho", a razão não está com o apaniguado, mas com a outra parte.

– É evidente, ele está a me chantagear. Que ousadia! E se eu contasse tudo a Mara? Não! Não devo envolvê-la mais...

Percebendo a angústia e o meu propósito de socorrer o juiz, o jardineiro apenas considerou, com olhar compassivo:

– Não se preocupe, meu filho...

Há algum tempo corria à boca pequena que o coronel Libório mantinha na sua fazenda trabalhadores em regime de escravidão. Um dia a bomba estourou: um empregado fugiu e procurou o juiz, o qual, incontinenti, chamou o delegado.

Quando soube, o coronel ficou possesso e foi à delegacia.

– Delegado! Exijo a imediata soltura do meu empregado. Quanto é a fiança?

– Mas ele não está preso!

– Não? Mas me disseram que...

– Ele está aqui para prestar depoimento por determinação do juiz.

– Por quê?

O delegado pigarreou, contraiu rapidamente o músculo da face direita e disse:

– Não sei... Isso é o que vamos averiguar...

O coronel ficou rubro; seu pescoço intumesceu tanto que a linha do botão da gola quase arrebentou. Em seguida, bateu a porta com violência e saiu apressado pisando duro.

Naquela mesma tarde o delegado procurou o juiz.

– Com licença, Excelência?

– Pois não?

– Ouvi aquele rapaz... ele me disse que o coronel Libório submete seus empregados a trabalhos pesados e lhes fornece mantimentos, mas é sempre credor. E que não permite que deixem a fazenda sem antes liquidarem o débito praticamente impagável.

– Mas isso é...

– Crime – completou o delegado.

– E o que o senhor pensa fazer?

– Aí é que está o problema. Se for verdade que o coronel mantém esses infelizes nessas condições, está em flagrante delito...

– Cumpra o seu dever!

No outro dia, o delegado ouviu vários empregados e lavrou o flagrante. O coronel Libório foi preso imediatamente.

Houve grande rebuliço!

A cidade dividiu-se. Uns concordavam com a prisão; outros achavam que o coronel Libório era um homem muito bom e, por isso, não merecia estar preso.

Ao tomar conhecimento da prisão do avô, Mara se dirigiu imediatamente ao fórum e, sem ser anunciada, entrou no gabinete do magistrado:

– É verdade o que estão comentando na cidade?

O juiz olhou surpreso para a jovem, mas não falou nada.

– É verdade? – insistiu.

– Se for sobre a prisão do seu avô, é sim. Sinto muito...

– Chega de cerimônia! Exijo a soltura do meu avô imediatamente.

– Senhorita, há coisas que não se pode transigir. Essa é uma delas.

– E se eu lhe dissesse que sou menor de idade? Posso antever a manchete do jornal: JUIZ SEDUZ MENOR VIRGEM...

O magistrado empalideceu:

– Que idade você tem?

– Dezessete.

– Mas você não está no segundo ano de Direito?

– Mara jogou os cabelos para trás e deixou escapar sonora gargalhada, ajuntando em seguida:

– Quem me dera... Agora que eu vou fazer o vestibular!

– Mas você me disse que estava fazendo faculdade...

– Como os homens são ingênuos! Eu só disse aquilo para não ficar muito inferiorizada.

– Mara, diga-me sinceramente: por que você me procurou naquele dia no gabinete? Foi o seu avô que mandou, não foi?

A moça não respondeu. Apenas lhe disse:

– Vou para casa aguardar o vovô.

Em seguida, saiu batendo a porta.

O juiz deixou-se cair no sofá. Estava arrasado. – Ó meu Deus, e agora? – perguntou aflito.

Olhei para o jardineiro com olhar interrogativo, porém não obtive nenhuma resposta.

O experiente magistrado sabia que a ameaça não passava de uma chantagem infantil, porquanto seria fácil provar que Mara ocultara de propósito a verdadeira idade, e que nem era uma moça inexperiente, mas e o opróbrio?

Conquanto arrasado, em nenhum momento pensou ordenar a soltura do coronel. Jamais transigira nessas questões.

Ocorre que, ao receber o comunicado do delegado, percebeu que o auto de prisão em flagrante se ressentia de nulidade, porque não cumpridas algumas formalidades legais. Fiel cumpridor das leis, determinou a expedição do alvará de soltura em favor do coronel Libório. Sucede que seus adversários ficaram indignados e se postaram em frente ao fórum e, em altos brados, exigiam o seu retorno à prisão.

De repente, um dos manifestantes, vestido de mulher, com peruca comprida e maquiagem carregada, usando batom carmesim, adiantou-se e postou-se na frente de um outro vestido de toga, com uma balança na mão. Dizia o primeiro:

– Ah Juju, solta o vovô vai...

Do alto da janela, o juiz observava aquela cena grotesca. Envergonhado ao extremo, não sabia como sair do prédio. Além disso, se perguntava como aquele ator improvisado sabia daquele apelido que tanto detestava?

Aqui cabe um esclarecimento: logo no início do romance, Mara dizia que o namorado era um juiz respeitado, mas para ela era o seu "Juju".

Por sorte o delegado ia passando e, com a ajuda de alguns policiais, dispersou a multidão.

À noite, bastante aborrecido, foi ao chalé de Mara. Como a luz da casa estava acesa, deixou o carro que emprestara a uns duzentos metros e se aproximou furtivamente. Havia um casal na sala. Mara estava em pé conversando com um homem que o juiz não pôde identificar porque estava de costas e sentado. Aproximou-se ainda mais e em silêncio, no momento em que Mara deixava escapar estrondosa gargalhada.

Escondido na sombra, pôde ouvir Mara dizer que sua gravidez era uma farsa; que ele estava apaixonado e que não resistira a um pedido seu para soltar o avô, etc.

O juiz, indignado, quis mostrar-se, porém ficou petrificado. O curioso personagem, que até aquele momento estava calado, levantou-se, abraçou Mara e lhe deu um beijo apaixonado, no que foi correspondido.

– Apesar do sucesso do nosso pacto, estou com ciúme– comentou o estranho sujeito, o qual curvou tanto a cerviz que a sua peruca se descolou na nuca. Sim, era o bacharel.

O magistrado compreendeu tudo. Mara não fora usada como pensava. Ela participara ativa e conscientemente do embuste para lhe causar a ruína moral. E o orgulho de macho ferido?

Repassado de indignação, em grau máximo, com um pulo alcançou o bacharel e, por trás, puxou a sua peruca que, entretanto, não se soltou por completo. Uma pequena parte ficara grudada no couro cabeludo, obrigando o juiz a puxá-la com mais força, porém ficou dependurada.

– Ai! Ai! – gritou o pobre homem.

A cólera que o traspassava não tinha igual: num átimo, rasgou violentamente o vestido de Mara, deixando-a em trajes menores e, com olhar demente, espumejou:

– Sua desavergonhada!

O bacharel curvou a cabeça por várias vezes. Lembrava aquele pássaro chumbado que parece beber água e que fica nas vitrinas das lojas.

O juiz pegou uma corda e amarrou os dois. Mara gritava impropérios que não merecem reprodução. O bacharel olhou para o juiz e disse:

– Veja bem, Excelência, podemos fazer um acordo...

O magistrado não respondeu. Pegou a ponta da corda e saiu puxando os dois até o carro. Quando chegou à cidade, faltando uns cem metros da praça, desceu e saiu arrastando o casal até o coreto. Mara seminua e o bacharel com a peruca dependurada.

O juiz, desvairado, saiu correndo e tomou rumo ignorado. Os moradores daquela cidade nunca mais ouviram falar do magistrado incorruptível.

– Onde está ele? – perguntei.

O jardineiro fez um sinal. Na tela surgiu uma rodovia, margeada de árvores frondosas. De repente, sol a pino, apareceu um andarilho exibindo barba e olhos inexpressivos. Usando gandola verde sem botões, andava apressado com um pé descalço. Pérolas de suor brilhavam na barba espessa e muito negra...

– Meu Deus! – exclamei estarrecido.

O jardineiro fez outro semicírculo no ar.

Na tela, apareceu o juiz com a sua família. Todos sorriam. As crianças haviam crescido e o juiz estava mais velho. Parecia um outro; não aquele amante de Mara...

– Mas o que significa isso? – perguntei abismado.

– Meu filho, *Maya* é o mistério de todos os mistérios. Você deve meditar... Adianto que a sorte do homem depende dele mesmo. Ou ainda, como diz um grande escritor, *semeais um ato, colhereis um hábito; semeais um hábito, colhereis um caráter; semeais um caráter, colhereis um destino.*

Capítulo III

O Eterno Peregrino

Vês uma semente luminosa cair das regiões da Via Láctea na sétima esfera? São germes de almas. Elas vivem como vapores leves na região de Saturno, felizes, sem preocupação, e desconhecem sua felicidade. Porém, ao cair de esfera em esfera, elas revestem-se de invólucros sempre mais pesados. Em cada encarnação, adquirem um novo sentido corporal, conforme o meio em que habitam. Sua energia vital aumenta; e, à medida que penetram em corpos mais densos, elas perdem a lembrança de sua origem celeste. Assim se completa a queda das almas que vêm do divino Éter. Cada vez mais cativas da matéria, cada vez mais inebriadas com a vida, elas se precipitam como uma chuva de fogo, com estremecimentos de volúpia, através das regiões da Dor, do Amor e da Morte, até sua prisão terrestre; onde tu mesmo gemes retido pelo centro ígneo da terra e onde a vida divina te parece um sonho vão.

A Visão de Hermes[21]

Pensei perguntar algo, mas o jardineiro havia desaparecido.

Compreendi, então, que o Mestre não quis interferir na análise que eu deveria fazer. Sentei-me na relva, embaixo de uma árvore frondosa.

---

[21] – Apud *Os Grandes Iniciados,* Édouard Schuré, Ibrasa, 1985, p. 131.

Tentei, inicialmente, concentrar-me na figura do magistrado que o jardineiro chamou de "apenas mais uma expressão temporária". Depois em Mara, a jovem fascinante, "fonte de infelicidade e de dor".

– A conduta do magistrado foi incoerente. —pensei. Não havia harmonia entre a sua vida familiar e a busca temerária de uma aventura. Em outras palavras, continuei, fosse ele um homem infeliz; ou a sua vida um inferno, talvez, "para um simples mortal", uma aventura se justificasse. Mas não, ele amava a esposa e os filhos e era correspondido; não via a hora de chegar a casa, após um longo e difícil dia no gabinete de trabalho. Por que então atirar-se nos braços de uma aventureira? Seria porque buscava, cega e inconscientemente, uma felicidade ainda maior? Caberia aqui a lição do Prof. Taimni, lembrada pelo jardineiro, segundo a qual tendo perdido a fonte direta de *Ananda* interior, a bem-aventurança, ou a felicidade perfeita, buscamos *Ananda* no mundo exterior, mas que não passa de um arremedo de felicidade? No caso, seria lícito concluir que *Maya* é mãe da ignorância, a qual nos faz ver prazer em experiências que são fonte potencial de dor e, portanto, nos faz correr atrás desses prazeres? O que fazer para ver a dor "potencial" oculta em tais prazeres, e não apenas quando a dor está presente de modo "ativo"? Por que tanto sofrimento? Onde está a libertação ou o que devemos fazer para alcançá-la? Quando tudo começou?

– Talvez não se possa precisar... – era o jardineiro que retornara.

– Mestre!

– Não sou um Mestre, como você imagina.

Após alguns segundos de reflexão, continuou:

– Por ora, o momento histórico do aparecimento da ignorância e, consequentemente, do sofrimento não pode ser precisado, assim como é impossível fixar a data da Criação.

– Então, o que importa no momento?

– É a certeza de que o homem se encontra nessa situação desde tempos remotos e o mais importante é saber que a finalidade do verdadeiro conhecimento é a liberação da servidão aos mundos inferiores.

– O que se entende por verdadeiro conhecimento?

—É aquele que dispersa a ignorância. Este conhecimento nada tem a ver com erudição. Diz-se que é saber discernir o Real do irreal, o permanente do transitório.

– A libertação virá algum dia?

– Não duvide disso porque *aos infernais abismos não é dado deter na escravidão entes celestes, nem muito tempo em trevas obumbrá-los.*[22]

Em seguida, presenciei um espetáculo que jamais esqueceria. A um sinal do jardineiro, surgiu na grande tela imensa luz branca de fulgor intensíssimo. De repente, brotou um fogo vermelho de esplendor indescritível, feito um rubi descomunal. Um pouco abaixo, à esquerda, irrompeu, como um raio, imensurável e majestoso fogo azul, milhões de vezes mais fulgurante que a estrela Sirius. Do lado direito surgiu, como um corisco, grandioso fogo amarelo, de cujo brilho o nosso Sol é apenas uma pálida lembrança. Os três formavam majestoso triângulo. De repente emanaram daquele fogo amarelo quatro raios: laranja, verde, violeta e índigo.

Estava abismado diante daquela grandiosa manifestação cósmica.

Ainda assustado, vi quando do raio amarelo fluíram sete outros raios, que se transformaram em sete esferas gigantescas que se interpenetravam. Eram sete globos: vermelho, azul, amarelo, laranja, verde, violeta e índigo.

Do raio azul emanou um pequeno facho que se transformou numa bola de luz, que passou a rodopiar vertiginosamente até ficar branca e fulgurante. Para minha surpresa, co-

---

[22] – *O Paraíso Perdido,* Canto I.

meçou a atrair a luz vermelha do primeiro globo. Envolta pela luz vermelha, aquela centelha, outrora branca e fulgurante, "precipitou-se" e passou a gravitar em torno da esfera vermelha até integrar-se.

Procurei o jardineiro com o olhar, mas o Mestre se manteve impassível.

Passado não sei quanto tempo, aquela pequena luz vermelha dissipou-se, ficando a luz branca, a qual, depois de se transformar num facho, retornou à Grande Luz Azul. Depois, ressurgiu o facho que se transformou numa bola de luz, que passou a rodopiar vertiginosamente até ficar branca e fulgurante e, novamente, foi envolvida pela luz da esfera vermelha. No entanto, atraiu também, desta feita, a luz azul do segundo globo que a envolveu. Em seguida, "precipitou-se" e passou a gravitar em torno da esfera azul até integrar-se. Depois, perdeu a luz azul e a luz vermelha e retornou à Grande Luz Azul. Para não ficar repetitivo, adianto que aquela luz branca que se originou da Grande Luz Azul, por várias vezes foi envolvida pelas luzes vermelha, azul, amarela, laranja, verde, violeta e índigo, utilizando-se do mesmo processo.

Vi, também brotar do majestoso Primeiro Fogo Vermelho, um raio que se transformou num vórtice de fogo que redemoinhava vertiginosamente até ficar branco e fulgurante, o qual atraiu as cores dos globos amarelo, laranja e verde. Antes que perguntasse algo, o jardineiro recomendou que eu pensasse profundamente, acrescentando com bonomia:

– Quem pergunta erra; quem responde também erra...

– Está bem. Mas, aquela imensa luz branca que surgiu em primeiro lugar na tela é a manifestação direta Daquele que eu estou pensando?

– Não, é apenas a repetição, em escala menor, de uma manifestação muito mais grandiosa, que por sua vez é precedida de uma outra ainda maior, ao infinito.

Sentei-me na relva, embaixo da árvore frondosa, e comecei a refletir com irreverência:

– O que essa tal de Mônada[23] veio fazer aqui? Não era feliz junto ao Pai? Para que mergulhar na matéria, experimentar toda sorte de sofrimentos, e depois retornar? Não seria mais lógico permanecer na bem-aventurança? Não faz sentindo essa peregrinação... Será que ela não sabia que era feliz e, quando voltou, tomou consciência daquela felicidade perfeita e aí reside uma das causas de sua peregrinação? Nesse caso seria lícito discordar da máxima ocultista "Tornai-vos o que já sois"? Não seria razoável supor que o seu estado de consciência, ao retornar, não é exatamente o mesmo que era quando do início de sua jornada nos mundos inferiores de *Maya,* tanto que poderá tornar-se um Lógos Solar, segundo os estudiosos? E se ela não retornasse e fosse viver a "sua vida"? Afinal, no mundo fenomênico, o certo é o filho depois que constitui prole não voltar à casa do pai ou o preceito "O que está em cima é como o que está embaixo, e o que está embaixo é como o que está em cima" não se aplica aqui? Se "Eu e o meu Pai somos um", por que me deixei encantar pelo fascínio de *Maya?* Por que o jardineiro some quando estou meditando? Ele bem que poderia responder a todas essas perguntas... Parece que a limitação e *Maya* são inerentes à manifestação. Se assim é, decerto na involução a Mônada é envolvida parcial e progressivamente, depois a individualidade e, por fim, a personalidade. E na evolução dá-se o contrário: a limitação e *Maya* são removidas progressivamente até a Mônada liberar-se. Mas pra que isso? Ela já não era livre? Bastava ficar quietinha, no seu canto!

– Não lhe parece que "ficar quietinha, no seu canto", contrariaria outro Princípio hermético, segundo o qual *Nada está parado, tudo se move, tudo vibra?*[24] Diz-se que de uma

23 – A parte imortal do homem que reencarna nos reinos inferiores e progride gradualmente através deles até o homem e depois até a meta final.

24 – *O Caibalion.*

condição estática, envolvendo todas as potencialidades divinas, a Mônada deve tornar-se dinâmica, desdobrando todos os poderes divinos – era o jardineiro.

Após uma reflexão, por alguns segundos, continuou:

– O Prof. Taimni adverte que precisamos rever nossas idéias sobre Tempo, Espaço, desenvolvimento, Eternidade, etc. Diz ele *que o erro está em as tomarmos num sentindo absoluto.* É natural – comenta – *que as deduções que tiramos de premissas tão falhas nos levem a becos sem saída, criando-nos paradoxos e enigmas por nós mesmos fabricados. Se compreendermos claramente que todas essas coisas são relativas e que têm diferentes graus de sutileza, nossos problemas e dificuldades, em sua maioria, serão resolvidos. Tudo que fique abaixo da Realidade Suprema, que denominamos o Absoluto, deve ser relativo. De outro modo, por que o chamaríamos de o Absoluto?*[25]

Em seguida, o jardineiro olhou para mim e perguntou divertido:

– Onde você queria que a Mônada fosse morar, após a sua jornada, se *Brahma*[26] é Tudo?

– O que eu não consigo entender é que se ela já era feliz, por que não continuou onde estava? Para que fazer a peregrinação, sofrer agruras, e depois retornar para ser feliz novamente?

---

[25] – *O Homem, Deus e o Universo*, Editora Pensamento, 1995, p.141.

[26] – O estudante tem de distinguir entre *Brahma* (neutro) e *Brahma* (masculino), o criador do Panteão hindu. O primeiro, *Brahma* ou *Brahman*, é o impessoal, supremo e incognoscível Princípio do Universo, de cuja essência emana tudo e ao qual tudo retorna, o que é incorpóreo, imaterial, inato, eterno, sem princípio nem fim. É onipresente, onisciente, anima desde o deus mais elevado até o átomo mineral mais diminuto... É o Supremo, o Absoluto, a suprema Divindade, o Espírito universal e eterno, que preenche, penetra, sustenta e anima todo o Universo; é o princípio e o fim de todos os seres, pois todos d'Ele emanam e a Ele todos retornam ao término do *Kalpa. (Glossário Teosófico,* H.P.B., 3ª. edição, Editora Ground.)

– Há pertinência em algumas conjecturas de sua análise. Parece razoável concluir que a Mônada, antes da jornada, vivia em estado de bem-aventurança mas não sabia. Ao ser reabsorvida, alcançará o estado de perfeita felicidade, com a diferença que desta feita estará plenamente consciente da bem-aventurança. A outra ilação é correta: a limitação e *Maya* são inerentes à manifestação.

– O senhor falou em reabsorção; seria como a gota no oceano? Nesse caso, perde-se a Individualidade?

– Quando a "Centelha retornar à Chama" ou quando a Mônada for reabsorvida pelo "Grande Sopro", não perderá a Individualidade, caso contrário haveria aniquilamento. "Com a reabsorção – diz Blavatsky –, não se perde a Individualidade, *nem sequer a essência da Personalidade* (se alguma restar). Pois o estado *paranirvânico,*[27] embora infinito do ponto de vista humano, tem um limite na Eternidade. Depois de o haver alcançado, a Mônada ressurgirá dali como um ser mais perfeito ainda, num plano muito mais elevado, para recomeçar o seu ciclo de atividade. A mente humana, em seu estado atual de desenvolvimento, pode apenas chegar a estas alturas do pensamento; não pode ir além. Vacila diante das bordas do Absoluto e da Eternidade incompreensíveis."[28]

– Como a Mônada se desenvolve?

– Apropriando-se de um átomo de matéria *átmica,* no qual se manifesta como Poder ou Vontade; outro de matéria *búdica,* no qual se manifesta como Sabedoria; e outro átomo de matéria mental, manifestando-se neste como Intelecto. A Centelha divina ou morador do Recôndito, no curso da evolução, atinge a individualidade autoconsciente como homem, incorporando-se nos veículos da mente, das emoções e da

---

[27]- O estado que a Mônada humana alcança no fim de um grande período de atividade.

[28]- *A Doutrina Secreta,* Vol. I, Ed. Pensamento, p. 298.

carne. É cedo, ainda, para você apreender, satisfatoriamente, essas idéias.[29]

– Desculpe-me pela insistência, mas o senhor ainda não me explicou o porquê da peregrinação e dos sofrimentos da Mônada.

O jardineiro não respondeu, o que me deixou meio sem graça sobretudo porque já havia lido que *A um problema mal colocado responde-se com o silêncio.*[30]

Impassível, o jardineiro fez um semicírculo no ar.

Na tela surgiu belíssima cigana de cabelos longos e encaracolados, tocando harpa.

– Eu sou *Samsara.*[31] Quem ouvir o meu canto cairá no Regaço de *Maya.*[32]

Conquanto longínqua, sua voz plangente ressoou bem nítida:

Que adianta
Coa felicidade conviver
Sem perceber
A roseira a florir
E o perfume não sentir
A doce música
E não ouvir?
Despertai!

---

29 – Segundo os estudiosos, a matéria, num sistema solar, existe em sete planos: físico, emocional (astral), mental, búdico, átmico, *Anupadaka* (Monádico) e *Adi.* O leitor, querendo aprofundar-se no estudo do "êxodo da Mônada", poderá socorrer-se das obras *Um Estudo sobre a Consciência,* de Annie Besant, e *O Corpo Causal e o Ego*, de Arhur E. Powell, ambas da Editora Pensamento.

30 – *Yoga Imortalidade e Liberdade,* Mircea Eliade, 2ª edição, Editora Palas Athena, p. 31.

31 – Ciclo ou Roda de Renascimento; oceano de nascimentos e mortes. Os renascimentos e mortes. Os renascimentos humanos representados como um círculo contínuo, uma roda sempre em movimento.

32 – A Manifestação ou aparência, por trás da qual está a única Realidade.

De que vale a iguaria
Sem o paladar
A beleza das cores
E não enxergar
Um corpo
Sem tocar?
Despertai!
Acaso tendes prazer
Poder ou saber
Riqueza, fama e beleza
Sensibilidade e saudade?
Despertai!
Experimentais atos
Pensamentos e
Sentimentos?
Tendes vós
Olhos, mãos
Pescoço e
Voz?
Despertai!
Sentis a fragrância da rosa
A sombra frondosa
E a grama viçosa?
A satisfação de um desejo
Ou a doçura de um beijo?
Ao despertar os sentidos
Estareis esquecidos...

Nesse momento um raio rasgou a escuridão do firmamento, cuja extremidade, feito a cabeleira de um cometa, foi envolvida por uma luz amarela de beleza indescritível.

– Eis aí mais um peregrino em busca da efetiva perfeição que já traz consigo em estado germinal– comentou o jardineiro.

– Acaso residiria aí o porquê da peregrinação?

– Ao iniciar a sua jornada, o peregrino não vem sem bagagem. Traz consigo poderes divinos em estado latente, e há pouca ou nenhuma percepção consciente deles, a qual só será atingida quando puder regressar.

– O regresso é obrigatório?

– Nada interfere no livre-arbítrio. Há seres iluminados que, mesmo após atingir a perfeição, resolvem permanecer aqui para auxiliar seus irmãos menores na longa e difícil travessia...

– Não haveria aí uma interferência indevida?

– Esses seres, em vez de entrar em bem-aventurança egoísta, escolhem uma vida de auto-sacrifício, a fim de velar a humanidade dentro dos limites cármicos. São anjos protetores, compassivos, para aqueles que se tornam dignos de seu auxílio.

– Fale-me de *Samsara.*

– *Samsara,* representada pela cigana, também é *Maya,* é o reino de nascimentos e mortes. Conquanto na canção ela exorte a Mônada a despertar, na realidade a induz a um sono profundo, do qual, posteriormente, todo peregrino deve acordar. *Samsara* é o perambular perpétuo. São os renascimentos humanos representados como uma roda sempre em movimento.

– O que a mantém em movimento?

– Nossos desejos e apegos aos prazeres dos sentidos.

– Quer dizer que aquela canção é uma apologia dos sentidos?

Não obtive resposta.

– Outra coisa que não entendo é que ao mesmo tempo em que o senhor diz que não vivemos em estado de escravidão, fala em libertação. Não haveria aí uma incoerência?

– Na realidade não há escravidão nem libertação. Somos livres por natureza. Por causa de *Maya*, pensamos que vivemos cativos. Quando alcançarmos *Viveka*[33], o conhecimento discriminador, nossa essência não sofrerá nenhuma modificação; mudará apenas o nosso entendimento do que é "real". É como na estória do filhote de tigre criado entre cabras.

– Como foi isso?

– Contam que certa vez uma tigresa atacou um rebanho de cabras, mas, no momento em que se lançava sobre sua presa, foi ferida pelo tiro de um caçador. Antes de morrer deu à luz um belo filhote, que cresceu na companhia das cabras. Imitando os mamíferos ruminantes, comia grama e berrava, mesmo depois de adulto. Era, de fato, muito estranho. Um dia outro tigre atacou o rebanho e ficou surpreso quando viu aquele tigre esquisito pastando entre as cabras. Agarrou-o, o qual passou a berrar querendo desvencilhar-se. O tigre selvagem o arrastou para a margem de um lago de águas plácidas e cristalinas e lhe mostrou as duas imagens: – Veja, somos semelhantes! Por que você acha que é um cabrito estúpido? – perguntou. Em seguida levou-o para a floresta e lhe deu um pouco de carne, que foi engolida com muita dificuldade. Aos poucos, o tigre comedor de grama veio a conhecer o sabor do sangue e deliciou-se em comer carne. – Venha, vamos caçar! – convidou o tigre selvagem...

Dessa vez não fiz nenhuma pergunta. O recado era por demais evidente; vivemos a maior parte da nossa vida mer-

---

[33] – Discernimento.

gulhados nos devaneios de *Maya,* em virtude de suas forças soporíferas. A exemplo do tigre que pastava, que só acordou depois que viu sua imagem refletida na água, só descobriremos a natureza sonhadora de nossa existência comum quando erguermos o véu de *Maya* e, despertos, vermos o quanto estamos afastados do "Eu Real". Mas, como erguer esse véu?

Capítulo IV

A Tirania dos Desejos

Quem anela objetos dos sentidos, nos quais pensa e os quais contempla, fica atraído e enlaçado por esses objetos; desta atração e deste enlace provém o desejo, e o desejo gera a paixão. A paixão é a causa da perturbação mental e da temeridade; estas trazem a confusão e a perda da memória; da perda da memória resulta a perda da razão e, com isso, perde-se o homem totalmente.

Bhagavad Gita

Para refletir sentei-me na relva, debaixo de uma árvore.

– Até aqui pude compreender que a Mônada é pura, eterna e livre, e que sua involução na matéria, envolvendo enormes limitações, é produzida pelo esquecimento de sua natureza divina devido ao poder de *Maya,* ou ilusão, e que o resultado dessa privação de percebimento é *Avidya,* ou ignorância. Mas se a Mônada é pura e livre, como e por que se jungiu à matéria? Por que não encontro resposta para esse tipo de pergunta? – pensei.

– Algumas questões não podem ser resolvidas utilizando-se o limitado intelecto... – disse-me o jardineiro, fazendo um semicírculo no ar.

Na tela apareceu uma pequena propriedade rural. No eito, um rapazelho sem camisa e suando em profusão, capinava debaixo de sol escaldante. Na frente da roça via-se uma estrada de terra que levava os moradores lindeiros a um vilarejo. De repente, gritos de alegria chamaram a atenção do rapazinho que, encostando o cabo da enxada no peito, parou para descansar e, ao mesmo tempo, olhar a estrada.

Vimos um casal de bicicleta. A mocinha ia na garupa. Atrás e a pé uma chusma de meninos correndo. Ao que parecia, a bicicleta ainda era novidade na zona rural.

O pequeno lavrador, que contava com treze anos, olhou demoradamente e com admiração para a garota, seu amor secreto. Suspirava por ela há mais de ano, porém nunca chegara perto dela nem lhe dirigira uma palavra sequer. Quando viu aquele rapaz da cidade grande passeando com a sua amada, experimentou um sentimento doloroso que lhe confrangeu o coração. Não havia ainda se defrontado com o ciúme.

Inspirou profundamente, olhou para o céu azul sem nuvens e, debaixo daquele sol que serviu de testemunha, fez comovido juramento.

– Ainda que venha a passar fome; ainda que sofra toda espécie de privação e sofrimento, juntarei todas as moedas que ganhar e comprarei, também, uma bicicleta.

Em seguida fechou os olhos e sonhou acordado, antegozando os incontáveis passeios que por certo iria fazer com a sua idolatrada.

– Tá dando de mamar pro guatambu?[34]

---

[34] – Madeira usada para cabo de ferramentas agrícolas. A expressão "dar de mamar ao guatambu" significa apoiar-se, descansando, no cabo da enxada.

Era o velho pai que o trazia de volta à dura realidade. Mais que depressa voltou a capinar.

– Como a Mônada sofre a influência do poder de *Maya?* – perguntei bastante interessado.

– Com a manifestação. No plano físico, por intermédio dos sentidos.

– A propósito, o que pensar daqueles que pregam a entrega total aos sentidos, até alcançar a saciedade?

– *A Voz do Silêncio* adverte: *Não creias que a luxúria possa ser aniquilada se satisfeita ou saciada, pois isto é uma abominação inspirada por* Mara. *É nutrindo o vício que ele cresce e se robustece, tal como a lagarta engorda no coração da flor.*[35]

– Segundo os que defendem a saturação , com a saciedade pode-se atingir facilmente o desapego e, com isso, o abandono dos maiores vícios que afetam o homem...

– Isso é *Maya!* Trata-se de grave equívoco que pode acarretar conseqüências desastrosas.

Por um momento, o jardineiro ficou em silêncio. Depois disse:

– Vivekananda costuma lembrar que o desejo nunca se satisfaz com o gozo, que não faz mais que aumentá-lo, assim como se aviva o fogo deitando-se gordura. Em uma de suas magníficas obras, o Swami esclarece: *Isto é certo para todos os gozos dos sentidos, para todos os gozos intelectuais, para todos os gozos que a mente humana é capaz de dar. Eles não são nada; estão dentro de* Maya, *dentro dessa rede de onde não podemos escapar. Ali podemos correr durante um tempo infinito, sem chegar jamais à meta, e todas as vezes que lutamos por conseguir um pouco de prazer, nos cai em cima uma montanha de desgraças. Tudo isto é espantoso! E quan-*

[35] – Fragmento I, 76.

do penso nisso, não posso deixar de acreditar que esta teoria de Maya, *esta idéia de que tudo isto é* Maya, *é a única e melhor explicação.*[36]

– Se não podemos escapar da teia de *Maya,* o que fazer?

– Quando ele diz que o homem não pode escapar dessa rede, se refere, evidentemente, ao homem escravo dos desejos.

– O que fazer, então, se todos vivemos sob o seu guante?

– A renúncia ainda é o caminho mais seguro para dispersar a névoa da ilusão.

– Não é muito difícil eliminar o desejo, o apego e a ilusão no mundo onde vivemos?

– É verdade, mas o homem pode aperfeiçoar-se. Nesse mundo objetivo, quanto mais o homem satisfaz seus desejos, mais esses desejos aumentam. Todavia, se ele os controlar e deixar de satisfazê-los, as sementes do desejo não germinarão.

O jardineiro parou por alguns segundos, olhando o infinito, depois continuou:

– Com o fortalecimento do desejo, perde-se o autocontrole. Com a perda do autocontrole, o desejo se torna mais forte que nunca. Desse modo, o homem jamais escapará das garras de *Samsara,* a roda de nascimentos e mortes. Para romper o grilhão, o aspirante espiritual deve reduzir a cinzas as causas do desejo.

Olhamos de novo para a tela. Surgiu um galpão, onde o menino dormia numa rede esburacada. Acordou com o cantar do galo. Ainda estava escuro. Lavou o rosto com água fria,

---

[36] – *Jnana Yoga,* Editora Kier, 6ª. Edição, pp. 55-56.

comeu uma banana de vez que lhe travou a boca, e saiu apressado para o eito levando a enxada às costas.

Assim que começou a capinar, deu rédea à imaginação. Viu-se com roupas limpas e de bicicleta, passeando com a namorada. Levavam um cesto cheio de guloseimas. Pararam num gramado e a menina estendeu a toalha, enquanto ele, alegre, encostava a bicicleta numa árvore.

– Mas espere aí! – pensou alto – Como vou comprar a bicicleta? Jurei que ia juntar moedas que ganhasse. Mas de quem? Eu trabalho de sol a sol nesta roça miserável e não ganho do meu pai nenhum centavo!

Sentou-se num toco e debulhou-se em lágrimas.

Fiquei com muita pena e pedi ao jardineiro que me mostrasse como era a vida do menino, antes dos fatos aqui narrados. A um sinal, apareceu na tela o nosso personagem, correndo, alegre e despreocupado, com um caniço. Adorava pescar aos domingos. Sua vida era bem mais serena. É verdade, nos últimos doze meses pensava constantemente na menina e, desde o primeiro dia em que a vira, prometera a si mesmo que iria levá-la ao altar. Mas isso não o preocupava, afinal, o dia do casamento ainda estava muito distante. Porém, o desejo em adquirir a bicicleta, e não poder, precipitara o seu desespero.

– E se eu falar com o meu pai? – pensou – Não, ele não vai entender...

Olhei para o jardineiro.

– Os desejos são produto de *Maya.* O homem pensa que precisa de algo e tem o desejo de possuí-lo, iludido pela falsa necessidade. Se anelamos alguma coisa, mas o desejo não é satisfeito, experimentamos intenso desgosto. A CAUSA PRINCIPAL DE TODAS AS MISÉRIAS QUE SOFREMOS É O DESEJO.

– O que fazer para eliminá-lo?

– O homem deve saber a diferença entre vontade e desejo. Aquela é aspiração superior. Esse, ocorre por meio da criação ilusória dos sentidos.

– Qual é o melhor caminho quando desejamos algo que está além das nossas posses?

– A resignação momentânea.

– Ora, não seria demais exigir resignação de uma criança que quer apenas uma bicicleta? Ele também não tem direito de possuir uma? – perguntei indignado.

– Essas privações passageiras são altamente benéficas e ficam armazenadas como experiências, as quais serão utilizadas posteriormente.

– Desculpe-me, mas eu não acredito nisso. No momento, a única coisa benéfica ao menino seria uma bicicleta, pois lhe traria imensa felicidade. Ah, se eu tivesse poder!

O jardineiro ficou imóvel e em silêncio por alguns instantes. Depois, estendeu-me um bastão que surgiu na sua mão direita como por encanto.

– O que é isso? – perguntei admirado.

– Pegue...

– Para que serve?

– Com esse bastão você poderá satisfazer o desejo do menino.

– Mas como fazer para ajudá-lo? A bicicleta não poderá surgir do nada!

– Use a imaginação.

Peguei o bastão meio sem jeito e apontei para o menino que voltara a capinar. De repente sua enxada bateu em algo, produzindo um som metálico.

– Que será isso? – perguntou o menino, com curiosidade. Cavou, febrilmente, em volta do objeto. Logo, apareceu um pote cheio de moedas. Agachou-se e pegou um punhado delas e as deixou escorregar pelos vãos dos dedos. Seus olhos brilharam de satisfação.

– Minha bicicleta! Posso comprar minha bicicleta! – exclamou exultante.

Olhei contente para o jardineiro, que se manteve impassível.

– Por que o senhor é tão insensível?

Como não obtive resposta, insisti:

– Viu como não é tão difícil fazer uma criança feliz, quando se tem poder?

De repente, uma sombra toldou o rosto radiante do menino.

– O que eu vou dizer pro meu pai? Que eu achei essas moedas? Ele não vai acreditar, vai dizer que eu roubei! Quer saber de uma coisa? Por causa disso posso levar uma surra! Daquelas de arrancar o couro. Depois vem a minha mãe com a salmoura que é "pra não infeccionar". Nossa! Como arde...

Dito isso, abaixou a cabeça muito triste.

Olhei desconcertado para o jardineiro e comentei:

– O ser humano é incrível, no mesmo instante em que está feliz é tomado por uma tristeza inesperada.

– Nesse mundo, toda felicidade é seguida por sua sombra, o infortúnio.

O menino resolvera comprar a bicicleta e escondê-la no galpão onde dormia e, aos domingos, sairia pelos fundos, sem o pai ver. Com essa idéia, voltou a sorrir.

– Por que o senhor não faz as pessoas felizes? Eu, por exemplo, com este bastão aqui, não deixaria faltar alimento à população; não haveria doentes. Todos, sem exceção, seriam felizes, pois teriam tudo que quisessem. No futuro – continuei – desapareceriam os desejos e, com eles, todas as misérias do mundo.

– O desejo é necessário para a continuação da vida. Matar o desejo é matar o homem ao mesmo tempo.

– O senhor diz que o desejo é a causa do sofrimento; que a renúncia é o melhor caminho para que nos libertemos de toda aflição. No entanto, afirma que o desejo é necessário. Não haveria aí uma incoerência?

– Aquele banco, ali no jardim, não tem desejos e jamais sofre, mas também não progride. Renunciar não significa não ter bens; que não devemos ter as coisas necessárias. É saber que não somos donos de nada, apenas usufrutuários. É ter a compreensão da impermanência de todas as coisas e desapegar-se delas.

Após uma breve pausa, continuou:

– O homem cobiçoso acredita necessitar de alguma coisa, só porque viu alguém possuir aquela coisa. Outros, às vezes, têm receio de que aquilo que querem, acabe; por isso, compram mais do que necessitam, comem mais do que devem e acumulam coisas desnecessariamente. Isso é avidez! Alguns escolhem para si o que existe de melhor. Não admitem que os seus vizinhos tenham o melhor carro ou a casa mais bonita. Isso é cupidez! É a cobiça do ganancioso, qualificada pelo orgulho. Há, ainda, os ambiciosos desmedidos que não têm noção de mensuração nem de limite. Praticam negócios escusos que acarretam prejuízos incalculáveis, em detrimento da massa, para amealhar não apenas para si, mas para filhos, irmãos, toda a parentalha, inclusive amigos e apaniguados, cujo rol nunca se completa. Por fim, os concupiscentes. Esses têm amor apenas aos prazeres materiais. São os lascivos, luxuriosos ou sensuais. TUDO ISSO É *MAYA!*

– Podemos concluir, então, que a ilusão e o desejo são dois grandes flagelos da Humanidade?

– Isso seria uma conclusão equivocada. *Maya* e desejo formam um casal poderosíssimo e de grande utilidade: impulsionam o ser insatisfeito, sempre para a frente.

– Acho que não ia gostar de *Maya,* se a visse materializada.

– Você gosta da sua mãe?

– Claro! Por quê?

– Ela também é *Maya!*

– !?!

– Maria, Maia e *Maya* constituem um nome genérico. *Maya* é o nome da mãe do príncipe Siddharta Gautama, o Buda. Maria, mãe do Mestre Jesus, é também chamada de *Maya.* Todas as mulheres são automanifestação de A Grande *Maya,* a Rainha do Mundo.

Olhamos de novo para a tela.

O menino, depois de vários tombos, conseguiu aprender a andar de bicicleta. No domingo, dia em que o pai dormia até mais tarde, levantou cedo. Esmerou-se na toalete e vestiu a melhor camisa. Empurrando a bicicleta com cuidado, esgueirou-se pelos fundos do galpão e ganhou a estrada.

Coração disparado, resolveu passar em frente da casa da garota, localizada na beira da estrada. Talvez batesse palmas e pedisse um copo de água e, com alguma sorte, poderia até ser atendido por ela.

Acompanhei a cena com vivo interesse e até com uma ponta de orgulho. Afinal, eu era o responsável direto pela felicidade do pequeno lavrador.

A casa ficava cerca de quinhentos metros de distância, depois de uma curva. Faltando uns cem metros, o menino ouviu uma gritaria, como da outra vez. Parou a bicicleta e aguardou, ostensivamente, no meio da estrada. Queria fazer uma surpresa. Mostrar a todos a sua bicicleta.

– Sai da frente palerma! – era o seu rival pilotando uma lambreta, novinha em folha. Na garupa, obviamente, a sua amada. Como estava linda!

O menino, decepcionado ao extremo, curvou a cabeça e chorou, sentidamente, lágrimas amargas.

Os meninos que vinham atrás da lambreta, gritando, pararam e, sem compreender a dor do menino, caçoaram do pobre infeliz. Fiquei indignado e quis reagir, mas o olhar compassivo do jardineiro me desarmou.

Pensei em ajudar o menino, reparando a sua dor, dandolhe de presente uma lambreta, mas o bastão havia desaparecido!

– Por que o senhor fez isso?

– Não adiantaria nada... Só aumentaria a sua dor...

– Por quê?

Na tela apareceu o galpão pegando fogo e o menino, sozinho e desesperado, tentava salvar, ao menos, a sua bicicleta, mas não conseguiu. Saiu correndo, estrada afora, em direção ao vilarejo, em busca do pai.

No caminho, ouviu o ronco de um motor. Parou na beira da estrada e olhou para trás. De repente surgiu o rapaz dirigindo um carro conversível. Ao seu lado, a garota. No banco de trás havia uma outra moça. O rapaz encostou o carro e perguntou, apontando em direção à vila:

– Você vai pra lá?

– Vou.

– Nós também. (Risos).

Em seguida saiu em disparada, cantando pneus.

– Por que os bons sofrem tanto, e os maus sempre vencem? – perguntei revoltado.

– Você está vendo apenas a superfície... A dor é o melhor remédio contra o próprio sofrimento. Com ela, o homem se liberta. Se ele se sentisse feliz nesse mundo, ficaria para sempre estacionário em um dos mais baixos níveis de vida.

– E quanto aos desejos? Essa insatisfação que não nos dá trégua é prejudicial à nossa evolução?

– Ao contrário, *o fato de que nunca podemos satisfazer plenamente nossos desejos nos mundos inferiores é nossa salvação, porque significa que essa busca não pode deter-se enquanto não alcançarmos a meta.*[37]

A um gesto do jardineiro, surgiu uma limusine naquela estrada que antigamente era de terra e que levava os moradores vizinhos ao vilarejo. Vinte anos haviam se passado. A estrada era de asfalto, mas sem sinalização e cheia de remendos. Aqui e ali se viam manchas escuras, provenientes de aplicações de piche, numa vã tentativa de se taparem os buracos.

No carro de luxo ia um rapaz, de rosto bonito, com trinta e poucos anos, mas com traços de amargura. Emocionado, seu coração batia descompassadamente e exigia desforra. Sim, era o pequeno lavrador que retornara triunfante...

O dia estava nublado e muito frio. Parou em frente da casa da sua amada e desceu. Vestia sobretudo bege e calçava luvas pretas. Esperou por vinte anos esse momento.

– Acho que está na hora de pedir aquele copo de água. – pensou, repassado de emoção.

A casa era a mesma, só que devastada pelas intempéries. A porta abriu devagarinho e surgiu, primeiramente, um rosto de mulher com rugas precoces. Saiu. Era branca, de pernas grossas, e usava um vestido amarrotado. Atrás dela, uma fieira de meninos. Era ela.

– Quem está aí? – gritou alguém, de dentro da casa.

---

[37] – *Estudios Sobre a Psicología de La Yoga,* I. K. Taimni, Federación Teosófica Interamericana, 1982, pp. 291.

A mulher e os meninos ficaram apenas observando. Em seguida, saiu um velho de chapéu de palha, barrigudo, vestindo um pulôver esburacado. Nele, o nosso personagem reconheceu o moço arrogante de outrora.

– Deus do céu! – exclamou. Sem dizer outra coisa, deu meia-volta e foi embora...

– E daí? – perguntei decepcionado.

– Você deve meditar. – disse-me o jardineiro, fazendo um semicírculo no ar.

Capítulo V

Eu sou um Rei!

Esse ego é teu inimigo... Destrói esse inimigo com a poderosa espada do conhecimento e sê livre para usufruir a soberania de teu próprio império, a bem-aventurança do Atman.[38]

Shankara

Na tela apareceu suntuoso castelo. O rei estava exultante, visto que a rainha acabara de entrar em trabalho de parto e, brevemente, daria à luz aquele que seria o futuro monarca.

De fato, sem tardança, ouviu-se trêmulo vagido seguido de um outro choro. A rainha dera à luz dois meninos que se pareciam tanto como duas gotas de água.

Para minha surpresa, a alegria dos serviçais e da parteira, quando nasceu o primeiro menino, foi substituída por um assombro inexplicável quando se soube que estava a caminho um segundo rebento. Todos, sem exceção, ficaram petrificados. O mais estranho é que ninguém quis segurar o menino; o pobrezinho nem bem chegara e já se tornara um enjeitado. A rainha chorava inconsolável.

Olhei para o jardineiro:

– O que está acontecendo?

---

[38] – (Sânsc.) – O Espírito universal, a Mônada divina.

– Nesse reino, por obra desse próprio monarca, há um decreto rígido, segundo o qual se, do mesmo parto, nascer mais de um menino, o mais jovem deve ser sacrificado. E ai daquele que salvar, esconder ou cuidar do recém-nascido; deverá sofrer suplício por lapidação e seus descendentes, por três gerações, carregarão o ferrete ignominioso de traidores do reino.

– Lei iníqua só pode ter sido emanada de um legislador iníquo – comentei.

Ante o julgamento intempestivo, o jardineiro olhou para mim mas não fez nenhuma censura.

Olhamos novamente para a tela.

O monarca reunira o Conselho para dar a boa nova, porém não sabia do inesperado pormenor.

– Sua Majestade – bradou o porta-voz – do alto da Sapiência e Misericórdia próprias de verdadeira Divindade, regozija-se com a vinda do futuro monarca e, por isso, decreta, por sete dias, festa nunca dantes vista, da qual todos os súditos poderão participar...

Respeitável senhor de cãs grisalhas e olhar grave aproximou-se do rei e sussurrou:

– Perdoai-me a ousadia, mas Vossa Majestade já revogou aquele decreto?

– Qual? – perguntou o rei, alegre e despreocupado.

– Aquele dos gêmeos.

O monarca empalideceu:

– Sabeis vós de alguma notícia fatídica?

– Não, Majestade, apenas pensei que talvez fosse propícia a ocasião...

– Para revogar o decreto? Não! O varão que vem à luz por último é um perdedor. Além disso, nasce sob má estrela.

Na realidade, a preocupação do orgulhoso monarca era outra: segundo superstição na corte, gêmeos não descenderiam de estirpe régia...

Chamado às pressas aos aposentos da rainha, o conselheiro-mor ficou apreensivo mas não comentou nada com o rei.

Abeirou-se da cama e constatou, estarrecido, o que jamais deveria acontecer: o nascimento de gêmeos!

– Salve-o Oma...[39]

O conselheiro-mor olhou enternecido para a rainha e, desajeitadamente, pegou o menino que sorria, apesar da tenra idade.

A parteira e os serviçais afastaram-se espantados com o gesto de Oma, pois sabiam que o conselheiro poderia ser morto, a qualquer momento, por ordem do rei.

– Qual é a participação de *Maya* no ato da procriação? – perguntei ao jardineiro.

– Começando pelas plantas, não é difícil perceber *Maya* no processo de polinização. As plantas engodam os insetos com cores e fragrâncias, retribuindo-lhes com seu néctar preferido.

Após alguns segundos, continuou:

– As cores brilhantes das flores as tornam bem visíveis e o seu perfume é um poderoso atrativo. Isso faz com que pássaros, borboletas, abelhas e outros insetos se juntem num rito orgíaco de fecundação.

Feita outra pausa, prosseguiu:

– Há uma espécie de orquídea que atrai insetos por meio de uma imitação bizarra. Sua flor é semelhante a uma abelha fêmea, provida de antenas, olhos e asas, exalando odor característico de quem está em época de acasalamento. Iludida, a abelha macho tenta acasalar-se com a flor e, nesse ato, deposita uma quantidade de pólen dentro da orquídea.

---

[39] – (Sânsc.) Protetor, amigo.

– Algumas flores – continuou – se valem das moscas como agentes polinizadores. Para tanto, produzem um cheiro característico de carne podre para atrair aqueles insetos. A estapélia, flor da África do Sul, carregada de vermes e exalando um cheiro de carniça, produz flores castanhas e enrugadas, com pétalas recobertas de pêlos, semelhantes à carne apodrecida de um animal morto. Além disso, para tornar ainda mais convincente a ilusão, ela se aquece e mimetiza o calor produzido pela decomposição. Enganadas, as moscas não só visitam essas flores, fertilizando-as, mas põem ovos nelas, como o fariam numa carcaça. Porém, quando os ovos são incubados, os vermes recém-nascidos descobrem que não há nenhuma nutrição naquela carne podre de mentira, mas apenas pétalas não-comestíveis e, por isso, morrem de fome...

—E entre os animais? – perguntei curioso.

– Algumas espécies de aranha, a corredora, por exemplo, recorrem ao suborno. O macho captura um inseto e o embrulha em seda. Segurando o presentinho bem à vista, aproxima-se com cautela e o oferece. Enquanto a aranha examina a oferta, distraída, o macho avança com rapidez e a abraça com certa segurança. Já os pássaros, com a sua plumagem berrante e multicolorida, aliada a um cantar mavioso, atraem as fêmeas. Alguns insetos atraem seus parceiros usando o olfato. As fêmeas de certas mariposas exalam um perfume característico intenso, capaz de atrair os machos num raio de onze quilômetros.

Isso me fez lembrar aquela passagem em que o juiz seguiu pela floresta o perfume sedutor de Mara.

Lendo o meu pensamento, o jardineiro concluiu:

– Com relação aos seres humanos, as mulheres se perfumam, usam maquiagem e outros atrativos, conforme você mesmo observou em Mara, a jovem universitária.

Olhamos de novo para a tela.

Apertando o menino contra o peito, Oma deixou o castelo. Por pouco não encontrou o rei no corredor.

No caminho, pensava sobre a responsabilidade que lhe pesava nos ombros, sobretudo na lealdade que devotava ao monarca; porém logo ficou mais calmo, visto que a preocupação imediata seria sobre o destino que deveria dar àquele precioso fardo.

Caminhou por muito tempo até chegar a uma floresta. Exausto, deixou-se cair de joelhos naquele chão juncado de folhas secas. Pensou por alguns segundos e acomodou o menino embaixo de uma planta adornada de flores com corolas em forma de trombeta. Estava muito cansado e, por isso, adormeceu profundamente.

De repente, o menino começou a chorar, mas Oma não acordou. Nesse instante vi, abismado, quando o galho daquela planta se curvou e a flor que parecia uma trombeta se encostou delicadamente nos lábios da criança, depositando aí o seu néctar. Logo, o menino também adormecia.

Na tela apareceu novamente Oma levando o príncipe. Era de dia. Aproximou-se de modesta cabana instalada no sopé de uma colina e chamou o morador, que saiu logo. Era um senhor negro, baixo e atarracado, beirando os cinqüenta anos. Após algumas palavras, que não consegui compreender, Oma entregou o menino e saiu apressadamente.

– *Maya* também participa da preservação? – indaguei interessado.

– Se você observar atentamente, verá que *Maya* toma parte da manifestação, preservação e transformação de todos os seres vivos. O Buda proclamou que Tudo é *Maya,* com exceção do princípio Uno.

– Quer dizer que a Grande Ilusão está em toda parte, neste mundo manifestado?

O jardineiro olhou para o infinito, suspirou profundamente e disse:

– Olhe para o firmamento e você verá milhões de estrelas. Será que elas estão lá efetivamente ou são vistas como realmente são? Nem sempre. A luz que agora nos chega partiu das estrelas mais próximas há cerca de cinqüenta anos. Por vezes nos deparamos com fotografias de estrelas longínquas, muito remotas, feitas por telescópios. Porém, na realidade, se a luz da maioria daquelas estrelas partiu há milhões de anos, a imagem exibida pela fotografia só pode ser como aqueles astros eram há milhões de anos! Só chegaremos a saber como é o universo agora, daqui a milhões de anos.

Após breve intervalo, prosseguiu:

– Se olhar para uma mesa e tocá-la, você terá a ilusão de que se trata de um objeto sólido e tangível. No entanto, ao microscópio, verá que se trata de uma composição de átomos e moléculas que são, praticamente, espaços vazios. Isso quer dizer que a verdadeira quantidade de matéria na mesa é muito pequena. Diz-se que se fossem eliminados os espaços vazios das moléculas e dos átomos de um corpo humano, seria ele reduzido a um grão de poeira...

– O senhor disse que *Maya* também participa da preservação dos seres vivos. Poderia exemplificar?

– O camaleão é um dos exemplos clássicos de mimetismo. Adquire a cor conforme o ambiente para escapar de eventuais predadores e, ao mesmo tempo, surpreender algumas espécies de insetos, sua comida. O tigre possui listras, o que dá a ilusão de descontinuidade do corpo. Sua pele listrada confunde-se com a vegetação e seu predador – o homem – não o percebe. Outros animais assumem o aspecto de espécies temidas ou não-comestíveis, para confundir os seus predadores. Nem sequer se preocupam em esconder. Ao contrário, colocam-se bem à vista assumindo a cor ou aparência de animais perigosos. Há uma espécie de mosca inofensiva que imita com perfeição o aspecto de uma perigosa vespa. Outros insetos, quando tocados, fingem-se de mortos. Já o homem, para se preservar, utiliza-se da mentira e do fingimento e, para atrair suas presas, usa toda sorte de artifícios e adulações astuciosas.

Fez uma pausa e concluiu:

– Você já se perguntou por que todo ser vivo, quando pequenino, é gracioso e cativante, e quando abandonado encontra, quase sempre, um protetor?

Sem esperar por uma resposta, confirmei com uma pergunta:

– É verdade. Seria isso uma prova da participação de *Maya* na preservação dos seres vivos?

O montanhês cuidou do príncipe com desvelo; e o conselheiro ia visitá-lo quase todos os domingos. Porém, quando o menino atingiu os três anos de idade foi morar sozinho na floresta. Depois de alguns anos, após procurá-lo por toda a parte, Oma o encontrou numa clareira, comendo raízes e frutas silvestres.

– O que Vossa Alteza está fazendo aqui?

– Este é o meu lugar. Eu sou um selvagem!

– Não, Vossa Alteza é um príncipe...

O menino nem esperou o conselheiro terminar a frase e embrenhou-se na floresta.

Olhei para o jardineiro com perplexidade:

– O que está acontecendo?

– O príncipe está totalmente envolvido por *Avidya*, que é a causa-raiz das grandes aflições ou *Klesas*.[40]

---

[40] – (Sânsc.) Dor, aflição. Para entender a filosofia dos *Klesas*, o buscador, querendo, poderá socorrer-se da obra *A Ciência do Yoga*, Editora Teosófica, na qual I.K. Taimni comenta os *Yoga-Sutras* de Patanjali.

– Além de *Avidya*, ou ignorância, quais são as outras grandes aflições?

– Os outros quatro *Klesas* são *Asmita*[41], *Raga*, *Dvesa* e *Abhinivesa*[42], os quais produzem todas as miséria da vida humana.

– O senhor já explicou que *Raga* é atração e *Dvesa* repulsão, mas o que significam *Asmita* e *Abhinivesa*?

– Como já se disse, a consciência pura é envolvida pelo véu de *Maya,* num processo progressivo, até se identificar com o corpo físico: "Eu sou este corpo". Isso é *Asmita. Abhinivesa* é o desejo pela vida ou vontade de viver. É comum a todos os animais, aos homens mais estúpidos e aos mais inteligentes.

– Não lhe parece natural que tenhamos vontade de viver?

– Agarrar-se à vida mundana e ter medo da morte é pura ignorância. É crer na permanência das coisas transitórias e na aniquilação, quando se sabe que o Eu, na realidade, é imortal.

– Por que o menino não acreditou ser um príncipe?

– Se uma criança, na penumbra, confundir um paletó dependurado com um espectro, de nada adiantará a mãe lhe falar que aquele vulto é apenas uma peça de roupa. Enquanto os raios solares não penetrarem no recinto, *Maya* não se esvanecerá...

Enquanto isso, no castelo, o rei vivia amargurado. É que o príncipe sempre fora um menino enfermiço e, no seu entender, por certo não daria um grande guerreiro, como todo rei deve ser na juventude.

---

[41] – (Sânsc.) Noção ilusória de que o corpo é o Eu.

[42] – (Sânsc.) Apego à vida.

Certo dia Jalma[43], indivíduo bajulador, ambicioso e cruel, segredou ao monarca que na floresta havia um oráculo infalível, que poderia dissipar todas as suas dúvidas. O rei, incontinenti, decidiu que deveria fazer uma consulta. Então, acompanhado de alguns guerreiros, de Jalma e de um famoso intérprete, dirigiu-se à floresta.

Era uma cabana muito antiga de apenas duas peças. A sala, escura e esfumaçada, cheirava a incenso de fragrância indefinida. Toros de lenha crepitavam na lareira. No meio da sala, sentada, uma velha encarquilhada que oscilava à maneira de pêndulo. Seu rosto, muito enrugado, exibia boca desmesurada, nariz adunco e pequenos olhos com apenas a membrana branca, sem íris.

O monarca não quis se aproximar. De repente, a velha deixou escapar um grito lancinante e aumentou o movimento pendular. Depois quedou-se por alguns minutos e, em seguida, disparou palavras totalmente incompreensíveis.

– O que ela disse? – perguntou o monarca.

O intérprete, branco feito cera, apenas tartamudeou:

– Ela falou que o príncipe será um grande guerreiro e um rei digno de respeito; muito amado pelos súditos e contará com a proteção dos deuses.

Satisfeito, o rei deixou a cabana. Depois que o monarca se recolheu, Jalma convidou o intérprete:

– Vamos à taberna?

Era um ambiente sórdido, freqüentado por indivíduos de má catadura e caras patibulares. Um cheiro nauseabundo, misto de suor, álcool e carne queimada, impregnava a atmosfera densa e irrespirável.

---

[43] – (Sânsc.) Homem de casta muito inferior, dedicado aos ofícios mais vis. Cruel, vadio.

Instalados no canto da direita de quem entra, e feito o pedido, Jalma puxou conversa:

– Você fez um belo trabalho. El-rei ficou muito contente...

– Que nada. Apenas cumpri o meu dever.

Depois da terceira dose de rum, Jalma voltou à carga:

– Você não contou tudo a el-rei, não é mesmo?

– O que quer dizer?

– Ora, vamos, a velha falou por mais de meia hora...

– Nada tenho a acrescentar. Disse ao rei apenas o essencial. Isso é tudo.

– E por que você ficou pálido de susto, quando el-rei quis saber o que a velha havia dito?

O intérprete levantou-se e se despediu:

– Com licença, já se faz tarde...

Apreensivo, caminhava pelo beco escuro e malcheiroso. A uns dez metros, à espreita, três vultos o aguardavam. Quando chegou perto, os três saíram do esconderijo e barraram a sua passagem. Olhou para trás e viu Jalma caminhando apressado, com a mão no florete. Pressentindo o fim próximo, o pobre homem aguardou resignado o desfecho daquele encontro infeliz.

– Então homem, vai ou não vai dizer o que a velha índia disse sobre o filho de el-rei? – perguntou Jalma, ameaçador.

– Dizendo, ou não, sei que vou morrer...

Olhos injetados, Jalma traspassou com o florete o tórax do ainda jovem e desventurado súdito. Quando Jalma puxou o florete, com violência, um sangue rubro jorrou aos borbotões e manchou a camisa do agressor desalmado.

O mártir dobrou os joelhos e caiu para trás com as mãos no peito. Jalma limpou o florete com a própria roupa da vítima e saiu apressado, seguido pelos comparsas.

Um curioso aproximou-se.

– Chame Oma...

Por sorte, o conselheiro não estava distante.

– Quem fez isso meu amigo?

– Aproxime-se.

O conselheiro chegou bem perto.

– Leve-me ao Príncipe da Selva... – sussurrou o ferido.

– Quem?

– Você sabe...

Oma empalideceu.

Percebendo o desconforto do conselheiro, tranqüilizou:

– Sossegue, nada foi revelado...

Sem perda de tempo, Oma ordenou a dois homens de confiança que o levassem até as imediações da floresta, cuidando para que ninguém mais ficasse sabendo do socorro prestado. Com muita dificuldade chegaram de manhã.

O conselheiro acomodou o ferido em cima de uma camada de folhas secas e aguardou por alguns minutos. Estava muito preocupado, visto que o doente já não esboçava nenhuma reação. Muito pálido, suava frio, sugerindo haver entrado em estado de choque, devido à perda de massa sangüínea.

Nesse instante, fez-se um silêncio profundo. Não se ouviam pássaros, ruídos, nada. Nem sequer o cricrilar insistente e fastidioso dos grilos. Absolutamente nada. Como o silêncio impregna a atmosfera de expectativas!

Rosto cadavérico, Sant[44] – este era o nome – jazia, imóvel, embaixo de um carvalho secular. De repente, uma entidade etérea se esgueirou para fora da casca da árvore e ficou ali, olhando o grupo, que não percebeu nada. Bela, de contorno e forma bem definidos quando imóvel, parecia in-

---

44 – (Sânsc.) Bom, justo; honrado.

sensível à preocupação do grupo ou ao estado crítico do enfermo. Impassível, apenas observou a situação por alguns minutos e, num movimento lento e gracioso, se evaporou.

Cerca de cinco minutos surgiu, misteriosamente, o príncipe. Aparentando uns sete anos, rosto infantil, mas grave, não sorria. De tez bronzeada, vestia apenas uma tanga feita de fibras vegetais. Os cabelos castanhos, bastos e incrivelmente longos, davam a impressão de que em tempo nenhum haviam sido cortados. Descalço, com passadas firmes porém silenciosas, se dirigiu aonde estava o moribundo.

O conselheiro aproximou-se humildemente:

– Alteza, ele me pediu que o trouxesse aqui...

– Não sou um príncipe. Sou um selvagem!

Inesperadamente, seu rosto transfigurou-se e deu a impressão de que o menino se alheara por completo do ambiente. Em seguida escapou-lhe da garganta uma voz estranha e gutural:

– Seja feita a Vossa Vontade, não a minha.

Conquanto de dia, escurecera rapidamente na floresta. E eu, como espectador privilegiado, iria presenciar, mais uma vez, naquele "eterno agora", outra manifestação grandiosa que jamais esqueceria.

Intenso fulgor dourado e pulsante espalhou-se acima das árvores, como a observar a situação dramática do enfermo. Inesperadamente, feito um torvelinho refulgente e coruscante, passou a girar com incrível rapidez, desprendendo milhares de fagulhas, qual chuva de estrelas douradas que se precipitavam em catadupas, proporcionando um espetáculo grandioso.

– Que fenômeno é esse? – perguntei deslumbrado.

Porque a paisagem estava muito próxima, tive dificuldade em distinguir a manifestação com todos os seus detalhes. Por isso, a um sinal do jardineiro, a cena foi afastada lentamente até que pude ver, assombrado, que aquele remoinho imenso era o *Chakra*[45] cardíaco de uma entidade etérea gigantesca, cuja forma lembrava a taça "Jules Rimet", mas com a figura central envolta por um manto verde, com os braços estendidos para baixo, em repouso. Sua aura, brilhante e majestosa, se estendia por centenas de metros, em todos os lados.

Oma e seus dois amigos nada perceberam. Viram, apenas, o príncipe em êxtase. Do coração da entidade jorravam raios dourados e fulgurantes em direção ao ferido.

– O que são esses raios?

– Correntes de energias purificadoras para desfazer as congestões nos corpos etérico e astral de Sant e expulsar miasmas microbianos, isto é, as substâncias nocivas aí instaladas.

– O que o senhor pensa da oração?

– Não deve encerrar súplicas ou pedidos. O verdadeiro ocultista jamais pensa em resultados ou usa sua força de vontade e conhecimento para obter pela força benefícios pessoais e materiais para si ou para outrem. No caso, o príncipe agiu corretamente, visto que invocou o poder curador com as palavras "SEJA FEITA A VOSSA VONTADE, NÃO A MINHA", numa atitude inequívoca de submissão à Vontade Divina e à grande Lei.

– Mesmo assim, não haveria uma intercessão indevida?

– Como observado, o príncipe deixou os resultados a cargo da Lei de Retribuição e necessidades evolucionárias do enfermo. Além disso, muitas vezes, a intervenção daquele que cura também pode ser parte do carma da pessoa doente.

– Como ele sabe disso, se conta com apenas sete anos de idade?

---

[45] – (Sânsc.) Roda. Centro de força.

– O príncipe é só uma expressão temporária da Individualidade que já encarnou muitas e muitas vezes. Ele está apenas recordando as lições de existências anteriores...

Olhamos novamente para a tela.

– Como se opera a expulsão dos micróbios? Não estou vendo nada!

– Olhe bem.

As imagens se aproximaram novamente.

– Meu Deus!

Uma nuvem escura saía do ferimento de Sant. Aproximada e aumentada ainda mais a imagem, pude ver que a nuvem se constituía de milhões de microorganismos de aspecto horrendo. Um deles aproximou-se e arreganhou os dentes enormes e pontiagudos, pingando sangue. Era negro, luzidio, de pelagem besuntada e escorregadia. Seus olhos, congestionados, exibiam, inexplicavelmente, uma expressão de quem sofria muito.

Olhei para o jardineiro que, no entanto, permaneceu em silêncio.

De repente aquela nuvem se afastou, dissipando-se.

O príncipe pegou algumas folhas de um arbusto e estendeu a mão com a palma voltada para cima. Misteriosamente se precipitaram alguns pingos não se sabe de onde, misturando-se com as folhas. Em seguida pensou o ferimento e, sério, se retirou. Contudo, a entidade dourada permaneceu.

– Quanto tempo terá o processo de cura?

– Aproximadamente vinte e quatro horas. O príncipe se retirou para recompor suas energias.

– Por que o príncipe quando se aproximou de Sant parecia indiferente à sua dor?

– Isso não significa insensibilidade aos sofrimentos. Ele sabe que se envolver com a dor do enfermo, sua ansiedade seria uma energia que poderia ser transferida para o doente e comprometer o processo de cura. Muitas vezes ficamos indignados com a aparente atitude de indiferença de alguns médicos, mas na verdade eles estão certos quando não se identificam com as doenças de seus pacientes.

– O senhor disse que *Maya* participa da criação e da preservação. A morte, que o senhor chama de transformação, também é uma ilusão?

– Você já viu a borboleta de asas multicoloridas se despojar da informe crisálida – envoltório repugnante, no qual, feito lagarta, se arrastava – para, livre, voar entre as flores? O homem, também quando desencarna, abandona a sua crisálida, o corpo denso, o qual deverá voltar ao laboratório da Natureza; e o Espírito, depois de passar por experiências, liberto, volta a sua verdadeira casa.

O jardineiro fez uma pausa e concluiu:

– No entanto, os familiares do "extinto", compungidos, em cerimônias sinistras e cantos lúgubres, fazem loas à crisálida. Isso é *Maya!*

Na tela apareceu o príncipe caminhando por entre as árvores. Era de dia. Sant já havia se recuperado e retomado as suas atividades normais.

Saindo da floresta, o menino percorria um caminho estreito e, pela primeira vez, viu um castelo, bem longe. Suas torres penetravam uma estranha nuvem baixa. Curioso, ficou a observar aquela fortaleza até então desconhecida. De repente foi invadido por uma saudade inexplicável. Visto que só experimentamos saudade daquilo que perdemos, temporária ou definitivamente, pensava, não conseguia explicar o porquê da lembrança nostálgica se jamais houvera estado no castelo. Uma pequena lágrima brotou e caiu na terra. O príncipe curvou-se triste e sumiu na grande floresta.

Enquanto isso, todos estavam admirados com a recuperação de Sant. Jalma ficou muito desconfiado e quis saber quem o salvara e onde fora curado. De noite foi à taberna e encontrou os asseclas.

– Vamos sentar ali – apontou para a mesa da direita de quem entra.

– Então, descobriram alguma coisa?

Os três se entreolharam mas não disseram nada.

Impaciente, Jalma insistiu, batendo a mão com força na mesa:

– E então?

– Foi o Oma... – disse o mais gordo, de cara vultuosa devastada pela bebida.

– Quem?

– Oma, o conselheiro-mor.

– Eu bem que desconfiava... O que mais vocês sabem?

– Há um menino misterioso, conhecido de Oma, que mora na floresta. Foi ele quem curou o intérprete.

– Quem é esse menino?

– Não sabemos, mas vamos investigar.

– Está bem, vamos beber. Eu pago.

Na tela apareceu o estreito caminho. No lugar onde caíra a lágrima do príncipe, nascera uma árvore, que crescia rapidamente. O menino passava por ali e ficava a observar a árvore. Afagava as suas folhas e conversava com ela. Depois olhava para o castelo e chorava.

Um dia, para sua surpresa, deparou com a árvore repleta de flores vermelhas. Bem alta e majestosa, com galhos abundantes e folhas triplas. Estava exuberante. Ao mesmo tempo em que sorria e chorava, maravilhado, saiu correndo e abraçou a árvore comovido. Depois subiu no galho mais alto e olhou em direção ao castelo. Isso iria acontecer todos os dias, como se o príncipe estivesse à espera de alguém...

Um dos detalhes que mais o intrigavam era o daquela estranha nuvem escura e pulsante que encobria parcialmente as torres majestosas do castelo.

Às vezes, quando olhava demoradamente para o castelo distante, ouvia uma melodia que o deixava muito triste. Essa música, trazida pelo vento que soprava da fortaleza, compungia-lhe o coração, como se houvera há muito deixado a terra natal. Mas por que sentia isso, se o seu lar, segundo ele, fora sempre a modesta cabana da colina ou as árvores da floresta?

Na verdade, mergulhado no oceano de *Maya,* o príncipe não se lembrava da sua natureza real.

Olhando para a tela, vi, ao longe, um pontinho negro que se aproximava. O príncipe desceu da árvore e aguardou. Um cavaleiro, de cabelos grisalhos e olhar grave, apeou e cumprimentou o príncipe com reverência. Era Oma. Sua voz ressoou como um trovão:

– Hoje, Vossa Alteza completa um setenário.

De repente, algo no meio da mata me deixou petrificado: quatro vultos, à espreita, observavam o conselheiro-mor e o príncipe.

– Meu Deus, é Jalma e seu bando! Não podemos fazer nada?

– Infelizmente esse é um carma começado e, por isso, seus efeitos são inevitáveis.

Por quê?

– Uma vez retesada a corda do arco e liberada a flecha pelo arqueiro destro, a flecha partirá inexoravelmente.

– Mas o mal não deve ser evitado?

– Patañjali,[46] no *Sutra*[47] II, 16, diz que *o sofrimento que ainda não chegou pode e deve ser evitado.* Mas isso não significa que o sofrimento ainda não experimentado pode ser evitado em todo o tempo. O que se diz na filosofia do *Yoga,* é que é possível ascender completamente acima de *Maya* e mi-

---

[46] – (Sânsc.) Fundador da filosofia *Yoga.*

[47] – (Sânsc.) Aforismo.

sérias da vida e ganhar conhecimento, bem-aventurança e poder infinitos por meio da iluminação. Atingida essa, evidentemente, não se praticará mais nenhuma ação que poderá resultar em sofrimento, isto é, evitar-se-á o sofrimento que ainda não chegou. Esse é o significado do *Sutra.*

– Quer dizer que uma vez praticada a ação, o efeito será inevitável?

– Não necessariamente. O carma em formação e o acumulado podem ser modificados. O começado ou ativo, não.

– O que fazer para modificar um carma em formação ou acumulado? O senhor poderia exemplificar?

– Não há castigos nem recompensas, apenas reequilíbrio. Se você causar desgosto ou tristeza a alguém, compense com prazer e alegria. No Universo, tudo é equilíbrio. Se você remover, indevidamente, um grão de areia, sua ação repercutirá na última estrela da galáxia mais longínqua da periferia do cosmo.

– O homem tem algum reservatório de carmas?

– As "sementes" do carma ficam depositadas no Corpo Causal do homem. Evidentemente, essas impressões de vidas anteriores, também conhecidas por *Samskaras*,[48] só podem estar presentes em algum veículo, ou corpo sutil, que tenha passado por todas essas vidas, e não tenha sido formado de novo em cada encarnação, como acontece com os corpos físico, astral e mental. Esse veículo é chamado Corpo Causal.

– O senhor poderia tornar clara a resposta?

– Para quem nunca ouviu falar que o homem possui outros corpos, além do físico, o problema é de difícil compre-

---

48 – (Sânsc.) Germes de propensões e impulsos provenientes de nascimentos anteriores. São as impressões de nossos pensamentos, desejos, sentimentos e ação.

ensão. Você, querendo, poderá aprofundar-se nesse estudo, lendo bons livros.[49]

– Eu sou um selvagem! – tornou o príncipe.

Subitamente surgiu, na tela, ao longe, outro pontinho negro que se aproximava. Era Sant. Diante do menino, curvou-se e dobrou o joelho direito em silêncio respeitoso. O príncipe ficou apenas observando, com curiosidade, o gesto inusitado do estranho personagem, visto que não o reconhecera.

Fiquei preocupado. É que no encontro dos três, inevitavelmente, viria à tona a história do menino; e os quatro, escondidos, aguardavam, com expectativa, o desenrolar daquela conversa muito interessante.

– O senhor não poderia fazer com que alguma ave grasnasse alto, de onde estão os quatro, para alertar Oma? – perguntei esperançoso.

– Somos apenas espectadores. Não podemos interferir.

– Por quê?

– Devemos deixar o rio fluir normalmente...

Após alguns segundos, concluiu com uma pergunta:

– Se você fosse um encarcerado, e estivesse próximo de ganhar a liberdade, gostaria que alguém interferisse e impedisse a sua soltura?

Ante o meu silêncio, o jardineiro completou:

– Pois é, como explicado, trata-se de carma começado e Oma deve "gastá-lo".

– Isso já ocorreu ou ainda vai ocorrer?

---

[49] – P.ex. *O Homem e os Seus Corpos,* de Annie Besant, e *Fundamentos de Teosofia,* de C. Jinarajadasa. Nesse último, há um excelente capítulo sobre a Lei do Carma. Ambos publicados pela Editora Pensamento.

– Nem uma coisa nem outra. Estamos no eterno presente...

– Ele vai morrer?

O jardineiro não respondeu.

– Num momento, o senhor diz que às vezes fazemos parte do carma de alguém e, por isso, a interferência é até devida. Noutra hora, diz que não podemos ou não devemos interferir... O que fazer?

– Você deve rever os conceitos de impulso e intuição, lembra-se?

– Alteza, este é Sant – apontou Oma para o recémchegado.

– Entrego a Vossa Alteza a minha vida – disse Sant, curvando a cabeça.

– Por que me chamam de "Vossa Alteza"? Eu sou um selvagem!

– Alteza, tornou Oma, sois o segundo filho do Rei...

Um dos quatro que estavam escondidos soltou um grito quase ouvido por Oma.

– Psiu! – interveio Jalma com o indicador esquerdo cruzado nos lábios e, com a mão direita fechada, deu um cascudo no gordinho.

– Segundo Sant, o irmão de Vossa Alteza está morrendo...

O príncipe não esboçou nenhuma reação.

– É verdade, interveio Sant, o Oráculo disse que Vossa Alteza é o segundo filho do Rei e tendes o poder da cura; que fostes trazido por Oma e que o Príncipe está muito doente e não vai vingar; que sereis um valoroso guerreiro.

Jalma deixou escapar um suspiro de satisfação:

– Vamos, temos novidades para contar a el-rei. – disse exultante, saindo às pressas.

– *Maya* tem alguma relação com o caráter de cada um?

– A matéria, que também é *Maya,* é composta por três *Gunas*, ou qualidades, que são *Rajas*, *Tamas* e *Sattwa.* A primeira, tem o poder de projeção. Sua natureza é atividade. Graças a esse poder é que o mundo evolui, mas, quando o homem é dominado por ela, como Jalma, apega-se às ações mundanas. Esse tipo de pessoa tem as piores características, como a cólera, a cobiça, a luxúria, a arrogância, o ciúme e a inveja. *Rajas* é a causa da servidão.

O jardineiro fez uma pausa e prosseguiu:

– *Tamas* é a causa da sujeição do homem à roda de nascimentos e mortes. *Tamas* possibilita a operação do poder de *Rajas*. Suas características são a estupidez, a preguiça, a ignorância, o entorpecimento e outras qualidades semelhantes. *Sattwa* é equilíbrio, pureza, serenidade, desapego e outras virtudes.[50]

Olhamos para a tela.

No alto, faíscas amarelas rasgaram as nuvens e se condensaram verticalmente na frente do príncipe, formando uma espada incandescente de beleza indescritível. Em seguida, se precipitaram minúsculas pedras vermelhas e azuis que se incrustaram no punho da espada.

– Esta é *Jhana,*[51] a Espada da Sabedoria – disse uma voz misteriosa, ouvida apenas pelo menino.

Na tela apareceu o castelo.

– Preciso falar urgente com el-rei – disse Jalma apeando do cavalo.

Introduzido, aguardou no salão.

– Vida longa a Vossa Majestade!

– Quem sois vós?

---

[50] – Para saber mais sobre os *Gunas,* o estudante deve consultar os já citados *Glossário Teosófico,* da Ed. Ground e *A Ciência do Yoga,* da Ed. Teosófica, de I.K.Taimni.

[51] – (Sânsc.) Conhecimento, sabedoria oculta.

– Jalma. Aquele do Oráculo...

– Ah, sim! O que desejais? Tendes mais uma profecia apócrifa? O Príncipe vai de mal a pior...

– Podeis receber-me em câmara reservada? O assunto é muito grave.

O rei apontou para uma saleta, separada por grosso reposteiro.

– Muito bem! O que tendes de tão grave?

– Majestade, o Príncipe tem um irmão gêmeo...

– O quê? – perguntou o rei, extremamente pálido, levantando-se da poltrona.

– É o menino a quem chamam de o Príncipe da Selva.

O rei ia e voltava, caminhando apressado, na pequena sala, com as mãos para trás e a cabeça abaixada, olhando para o chão.

– Não pode ser, esse menino é um impostor! – rugiu.

Mais calmo, exibindo um sorriso largo, concluiu:

– "Gêmeos não descendem de estirpe régia", diz a Tradição; lembrais, meu caro Jalma?

O visitante ficou quieto.

– Tendes vós alguma dúvida da Tradição? Para mim está claro, isso é impostura de algum aventureiro!

Jalma permaneceu quieto, olhando para o chão, fingindo acabrunhamento.

– Vamos meu amigo, levantai-vos.

– Eu não duvido da Tradição. Ela é inatacável... Mas daí não segue que...

O rei empalideceu novamente:

– O que estais a dizer?

Jalma levantou a cabeça e disse com cinismo:

– Oma é o pai dos gêmeos e a Tradição permanece intocável...

De um salto, o rei alcançou uma espada que estava na parede, como enfeite, e, num ímpeto de cólera, tentou golpear o seu interlocutor. Jalma, porém, com destreza, desviou-se e, depois de muita luta, tomou a arma do monarca.

– Majestade, disse ofegante, o fato é grave e merece tratamento isento de paixão. Se depois quiserdes tirar a vida deste súdito insignificante, estarei pronto. Ouvi primeiro.

O rei sentou-se novamente na poltrona.

– Como a confidência nivela as pessoas! – pensei.

– Majestade, perdoai-me a franqueza, mas a Rainha tem um caso antigo com o conselheiro-mor, de cuja união espúria nasceram os gêmeos. De nada adiantará Vossa Majestade perguntar aos que freqüentam a corte. Mesmo sabendo da ignomínia, ninguém terá coragem de confirmá-la.

Era evidente a cartada de Jalma: arriscava o pescoço, mas se convencesse o rei assumiria o cobiçado cargo de conselheiro-mor e ainda se livraria do desafeto.

– Deixai-me só! – disse o rei com voz rouca.

Jalma aguardou no salão.

– Mas que infâmia! – disse indignado para o jardineiro, que apenas me olhou compassivamente.

O rei mandou chamar a parteira e os auxiliares, que confirmaram o nascimento dos gêmeos e a interferência de Oma.

Jalma foi convidado a adentrar novamente na saleta.

– A partir de agora sereis o meu fiel escudeiro, um nobre! – disse o monarca.

Jalma estremeceu de contentamento.

– Majestade, tenho três amigos. Poderão ser meus auxiliares?

– Por certo, meu bom Jalma. A tarefa é árdua. Se desempenhardes a contento a próxima missão, sereis promovido ao cargo de conselheiro-mor, pois ordeno-vos, sem tardança, capturar Oma, o desleal! – bradou.

– Não há necessidade Majestade, eis-me aqui! – disse Oma, adentrando ao recinto, com serenidade.

– Estais preso! – gritou Jalma, com pompa.

– Guardai distância, verme! – disse Oma empurrando, com a mão esquerda aberta, a cara de Jalma e, com a direita, depositou sua espada e insígnia em cima de uma mesa pequena. Em seguida, dirigiu-se ao comandante da guarda e pediu para ser recolhido, esclarecendo que a ordem da prisão viera do monarca.

O rei não se sensibilizou com o gesto honrado do conselheiro e confirmou a prisão.

– Quanto ao caráter, não há semelhança entre Oma e Jalma. Por que tamanha disparidade? O que é responsável por isso? – indaguei revoltado.

– O *Dharma*.[52]

– O que significa essa palavra?

– É a natureza interna, caracterizada em cada homem pelo grau de desenvolvimento adquirido. Quando se fala no *Dharma* de alguém, quer-se com isto designar a regra de sua mais elevada conduta, em consideração do seu desenvolvimento e das imediatas necessidades da sua alma.

– Quer dizer que não devemos enaltecer alguém em virtude da sua bondade ou coragem, nem humilhar outrem por causa da sua maldade ou covardia?

– Segundo a lei do *Dharma*, não. Todos fazem o melhor que podem, segundo o seu desenvolvimento.

O rei se dirigiu aos aposentos da rainha, acamada por causa de fortes dores por todo o corpo. Aos pés da cama, velava o médico.

– Levantai-vos, ó adúltera! – bradou o monarca, possesso.

– Ela está morrendo... – disse o médico compungido.

– Ah, vai ver antecipou-se à execução certa, tomando uma poção letal!

---

[52] – (Sânsc.) dever, virtude, lei, justiça, etc. Recomenda-se o livro *Dharma*, de Annie Besant, Ed. Pensamento.

– Não, Majestade, a Rainha e o Príncipe estão morrendo por causa de uma doença terrível e desconhecida.

O monarca correu até o quarto do príncipe. O menino acabara de dar o último suspiro.

O rei não se abalou. Apenas mandou Jalma sepultar os corpos e espalhar a notícia de que a rainha e o príncipe viajaram em busca de um clima aprazível, por causa da doença do menino.

– Tragam Oma, vamos dar início ao suplício! – vociferou o monarca.

Jalma pediu uma audiência particular com o rei, no que foi prontamente atendido.

– Majestade, temo não ser propício o momento para o apedrejamento do ex-conselheiro.

– Por quê?

– A plebe vai querer saber qual o crime que Oma teria praticado. Ele é idolatrado pelo povo.

– Ora, ele salvou, escondeu e cuidou de um gêmeo recém-nascido!

– Mas filho de quem? Dele ou do Rei?

O rei percebeu a dificuldade que iria enfrentar, então apenas disse:

– Tendes razão, meu bom Jalma. Vejo que sois um ótimo conselheiro. Deixai Oma, por ora, na enxovia. Depois decidiremos o que fazer com aquele traidor.

Apesar de não se ter abalado com a morte da rainha e do príncipe, visto que não os amava, o rei ficou indignado com a traição perpetrada por Oma. Por isso, passados alguns dias, mandou o guarda abrir a pesada porta do presídio e entrou sozinho. Queria sondar Oma.

O prisioneiro estava sentado no chão. Quando viu o rei, levantou-se depressa e curvou-se respeitosamente, em silêncio. O rei ficou apenas observando. Como o ex-conselheiro não se manifestou, retirou-se. Até então, Oma não sabia da morte da rainha nem da infâmia praticada por Jalma. Pensava que estava preso por ter violado o decreto, ao salvar e esconder o príncipe gêmeo.

O rei, aborrecido, procurou o novo conselheiro.

– Salve Majestade! – cumprimentou cheio de mesuras.

– Tendes alguma novidade?

– Sim. Estava pensando que é hora de criarmos um pequeno tributo e...

– Nem pensar! – disse o monarca, balançando a cabeça.

– É necessário Majestade. Por causa dos gastos na corte e em conseqüência daquela festa de sete dias em homenagem ao nascimento do Príncipe, apesar de já haver decorrido tanto tempo, as finanças do reino ainda se ressentem e, por isso, vão de mal a pior. Ninguém vai sentir nada, pois a quota de cada um será modesta e provisória! Se, contudo, a plebe chiar, dá-se um jeito. O mais importante é criar o tributo urgentemente!

Profissãozinha antiga essa hein? Com o passar do tempo muda-se apenas o nome, mas o objetivo é sempre o mesmo! Aliás, nem é bom demonstrar aqui, como o cruel Jalma arquitetou esse tributo. Nunca se sabe...

– *Maya* também toma parte disso? – perguntei interessado.

– Quando a grande massa está prestes a se revoltar, os governantes, de toda parte, a contemplam com pequenas ilusões gratificantes, do tipo feriados, festas de final e princípio de ano, folguedos, entradas francas em jogos, circos e outros divertimentos. Isso é *Maya!*

Olhei para a tela e lá estava o príncipe no galho mais alto da árvore majestosa, olhando para o castelo.

– Cadê a espada? – perguntei com curiosidade.

O jardineiro fez outro sinal, e *Jhana* apareceu no mesmo lugar em todo o seu esplendor, e explicou:

– Só o príncipe a vê. Ela é invisível a todos que por ali passam.

– Para que servirá *Jhana*?

Obtive apenas o silêncio como resposta.

Com o tempo o povo começou a sentir o arrocho mas tinha medo do rei que, mal aconselhado por Jalma, mandava executar em praça pública os que reclamavam acintosamente. No entanto, na corte, todos viviam nababescamente e a devassidão campeava.

Sant estava desesperado, visto que há muito não sabia de notícias de Oma. Um dia, na taberna, aproximou-se do gordinho que bebia rum desbragadamente.

– Posso? – perguntou puxando a cadeira.

O auxiliar de Jalma concordou balançando a cabeça e ajuntou com voz arrastada e fanhosa:

– Fazia tempo que eu queria falar com você... Queria pedir perdão – falou com a franqueza dos embriagados.

Abismado, Sant apenas gaguejou algumas palavras:

– Não há nada a perdoar...

– Há, sim! E tem mais: já estou cansado de prestar serviços ao todo poderoso Jalma, ganhar ninharias e ainda ser alvo de chacota daquele sanguessuga desprezível!

– É melhor você vir comigo e curar essa bebedeira, antes que diga algo mais comprometedor. Amanhã, se ainda estiver disposto a falar, poderemos conversar – disse Sant, ajudando o pobre homem a se retirar daquele antro.

Sant o levou para a própria casa e o deixou dormir até as onze horas. Acordou ainda zonzo. A cabeça parecia prestes a estourar; os olhos ardiam e a boca era um travo só.

– Você tem alguma bebida aí? Eu preciso...

– Só água. Você deve beber bastante água – aconselhou Sant.

– Quem não bebe é mais chato do que a ressaca – gracejou o gordinho, colocando a mão direita na testa, acima do olho esquerdo, fazendo uma careta, demonstrando estar com uma terrível dor de cabeça. Mais tarde, depois de tomar banho, fazer a barba e tomar uma canja, estirou-se numa espreguiçadeira que estava na varanda e recomeçou a conversa da noite anterior.

– Eu me lembro de tudo do que falei ontem à noite... Peço-lhe perdão por ter participado daquele crime hediondo.

– Esqueça, meu amigo; o importante é que você está procurando despertar de horrível pesadelo, não é?

– É verdade.

– Se você quiser, estou pronto para ouvir.

– Não se espante com o que vou lhe dizer.

Inspirou pelo nariz, encheu os pulmões e soltou o ar rapidamente pela boca e disse com voz rouca:

– O Rei é apenas um títere com coroa de soberano, cujos fios são manejados por Jalma.

Para disfarçar a surpresa, talvez desnecessariamente, Sant fez um comentário:

– Vejo que você tem algum estudo...

– Isso é uma outra história.

Fez uma pausa para concatenar idéias e prosseguiu:

– Jalma é um hipócrita sórdido e cruel. A pretexto de ajudar Sua Majestade, aproximou-se cavilosamente e conseguiu cair nas graças do Rei.

Sorveu um gole de água da vasilha que Sant lhe estendera e prosseguiu:

– Jalma, descaradamente, afirmou que a Rainha mantinha encontros amorosos com Oma; e que desse romance nasceram os príncipes gêmeos.

Fez outra pausa e continuou:

– O mais grave é que em conluio com um serviçal do castelo – já assassinado por ele – Jalma determinou que se ministrasse, em pequenas doses, um poderoso veneno, não detectado pelo médico da família real, tóxico esse que foi a causa da morte da Rainha e do Príncipe.

Sant estava abismado.

– Mas que interesse teria Jalma de assassinar os familiares do Rei?

– O monarca não sabe, mas Jalma conseguiu desviar da coroa uma fortuna e, uma vez sem descendentes, assassinado o Rei, pretende tomar o trono para si. Mas antes, diz que tem novas revelações a fazer ao Rei, que ainda não consegui captar.

– Mas ainda haveria o outro príncipe! – comentou Sant.

– É verdade.

– Meu Deus, quanta tragédia! – desabafei, olhando para o jardineiro que, entretanto, se limitou a fazer o conhecido sinal.

Na tela apareceu Jalma conversando com o Rei.

– Então, a idéia é essa...

– Mas Oma está preso. Como convencer o povo de que foi o ex-conselheiro quem assassinou a Rainha e o Príncipe?

– Oma e a plebe pensam que a Rainha e o Príncipe estão em local aprazível. Direi ao comandante da guarda que Vossa Majestade determinara a prisão de Oma por desobediência, mas que sua pena já foi cumprida e, por isso, deve ser colocado em liberdade e se apresentar a Vossa Majestade. No encontro, direis a Oma que está perdoado e tem a grave missão de viajar sozinho e trazer incólumes a Rainha e o Príncipe, urgentemente.

– Mas Oma deve ir aonde?

– Vossa Majestade pode escolher um lugar, cujo trajeto demore uns trinta dias de viagem. Oma, evidentemente, não encontrará os dois. Na volta eu o prenderei e espalharei a notícia de que o ex-conselheiro, por vingança, assassinou a Rainha e o Príncipe e ocultou os cadáveres. A turba ficará revoltadíssima e Vossa Majestade poderá mandar executar Oma por lapidação.

Angustiado, pedi ao jardineiro que me transportasse para o tempo e lugar onde Oma seria executado por apedrejamento. Queria salvar de morte ignóbil talvez o mais nobre dos homens daquele tempo.

De repente, na tela, apareceu a multidão já esperada:

– Assassino! Morte ao traidor! – gritava a turba ímpia e nojosa.

Estranhamente, comecei a gritar junto com aquelas pessoas. Já não era mais espectador nem defensor do mártir, mas um dos seus verdugos. Vestia túnica negra e usava sandálias. Todos estavam de luto.

– Tragam o prisioneiro! – gritou Jalma.

Surgiu Oma. Vestia túnica de brancura imaculada e andava descalço. De barba e cabelos brancos, não estava sério nem sorrindo, apenas olhava a multidão com serenidade.

– Diga o seu nome.

– Oma.

– Você sabe por que vai ser executado?

– Sim.

– Por quê?

– Por ter salvo o irmão gêmeo do Príncipe, filho do Rei. Ele está na floresta e todos o conhecem por "o Príncipe de Selva".

– Mentiroso! Assassino! Você matou a Rainha e o Príncipe, por vingança. Por isso, deve ser executado por ordem do imperador! – vociferou Jalma.

Oma ficou em silêncio. Amarraram as suas mãos para trás e Jalma leu a sentença condenatória: morte por apedrejamento. Depois, sarcástico, pediu aos executores que não atingissem a cabeça do condenado, visto que poderia desmaiar e não sofrer muito. O apedrejamento deveria durar até a morte do sentenciado.

Apanhei uma pedra. O mártir olhou-me com piedade. Quando o vento soprava, alisava os seus cabelos para trás. No momento em que a brisa parava, alguns fios teimavam em voltar para a frente e cobrir a sua testa.

Meus olhos ficaram turvos e eu joguei a pedra no chão.

– Acorde, meu filho! – disse o jardineiro. Eu estava sentado no chão, soluçando. Parecia ter despertado de terrível pesadelo.

– O que aconteceu a Oma?

– Foi executado.

Olhei para a tela, limpando os olhos com o braço direito, mas viam-se apenas árvores.

– Venha, vamos conversar, chamou o jardineiro.

– Você disse que queria ver *Maya* em ação, lembra-se?

– Sim.

– Na tela, vemos apenas personalidades, ou expressões temporárias, que não podem ser ajudadas. Por isso, procure não interceder por elas, está bem?

Assenti, envergonhado. Aliás, aprendera a lição, pois tivera uma surpresa bastante desagradável, porquanto supunha, com orgulho, que tivera uma vida anterior irrepreensível...

Olhei novamente para a tela. Sant conversava com o príncipe, já rapaz.

– O monarca foi assassinado. Sois o filho dele!

Jhana, a espada, fez-se visível e caiu aos pés do rapaz que, imediatamente, abandonou a idéia de ser um selvagem e assumiu sua natureza real. Levantou *Jhana*, a Espada da Sabedoria, com as duas mãos, e bradou aos quatro pontos cardeais:

– EU SOU UM REI! EU SOU UM REI!

– Então, deveis, antes, derrotar Jalma, que assassinou o rei e assumiu o lugar de Vossa Majestade – disse Sant.

– O reino que procuro é outro. O seu Portal inicia-se naquela escadaria ali de degraus imaculados – apontou em direção ao distante castelo, que já vislumbrava desde os sete anos de idade.

– Mas ali não há nada, apenas margaridas! A direção do palácio de Vossa Majestade é oposta a essa e deveis destronar Jalma!

– Abdico desse poder efêmero e de qualquer outro... E para iniciar a subida, lavo os meus pés nas Águas da Renúncia,[53] para que nenhum laivo de vícios possa subsistir e trazer-me de volta ao Regaço de *Maya!*

Levando *Jhana*, a Espada da Sabedoria, o príncipe iniciou a subida. Assombrado, Sant viu o príncipe subindo, onde não havia degraus, até sumir.

– Por que também não vimos o trajeto do príncipe?

– Ele não é um príncipe, mas um candidato que já sofreu muito. Não estamos autorizados a mostrar as suas inúmeras quedas.

– Ele conseguiu vencer?

O jardineiro fez o conhecido sinal e apareceram as torres do castelo, cobertas por aquela nuvem escura e pulsante.

De repente, do meio da nuvem estranha surgiu uma serpente descomunal, com três cabeças coléricas, enrodilhada na torre maior. Quando as três cabeças se aproximaram, arreganhando as presas e com enormes fauces, o ex-príncipe – que já se tornara sábio – brandiu a Espada da Sabedoria com perícia e decepou as cabeças tenebrosas da serpente.

Uma forte luz branca se condensou numa estrela que partiu numa velocidade vertiginosa e sumiu na imensidão celeste...

– O que eram aquelas três cabeças? – perguntei.

De repente, o jardim onde estávamos começou a se modificar. Olhei estarrecido para o jardineiro, que se tornara etéreo e se desvanecia aos poucos.

– Como é o nome do senhor?

---

[53] – Referidas em *A Voz do Silêncio,* de H.P.Blavatsky, Fragmento I, 69.

Ele apenas sorriu com benevolência e desapareceu de todo.

Olhei para os lados e vi, sem nada compreender, aquela rua poluída. Os carros estavam novamente parados. No lugar onde começava a rua de terra batida, havia apenas um posto de gasolina.

– Como pode? – perguntei, estupefato, a mim mesmo.

Uma voz distante, quase sumindo, mas conhecida, se fez ouvir:

– Não se esqueça, você está no mundo de *Maya!*

***Mais informações** sobre Teosofia e o Caminho Espiritual podem ser obtidas escrevendo para a Sociedade Teosófica no Brasil no seguinte endereço: SGAS – Quadra 603, Conj. E, s/nº, CEP 70.200-630 Brasília, DF. O telefone é (61) 226-0662. Também podem ser feitos contatos pelo fax (61) 226-3703 ou e-mail: st@stb.org.br.*